# Assessoria de imprensa
## Como se relacionar com a mídia

## COLEÇÃO COMUNICAÇÃO

### Coordenação
Luciana Pinsky

**A arte de entrevistar bem** Thaís Oyama
**A arte de escrever bem** Dad Squarisi e Arlete Salvador
**A arte de fazer um jornal diário** Ricardo Noblat
**A imprensa e o dever de liberdade** Eugênio Bucci
**A mídia e seus truques** Nilton Hernandes
**Assessoria de imprensa** Maristela Mafei
**Comunicação corporativa** Maristela Mafei e Valdete Cecato
**Correspondente internacional** Carlos Eduardo Lins da Silva
**Escrever melhor** Dad Squarisi e Arlete Salvador
**Ética no jornalismo** Rogério Christofoletti
**Hipertexto, hipermídia** Pollyana Ferrari (org.)
**História da imprensa no Brasil** Ana Luiza Martins e Tania Regina de Luca (orgs.)
**História da televisão no Brasil** Ana Paula Goulart Ribeiro, Igor Sacramento e Marco Roxo (orgs.)
**Jornalismo científico** Fabíola de Oliveira
**Jornalismo cultural** Daniel Piza
**Jornalismo de rádio** Milton Jung
**Jornalismo de revista** Marília Scalzo
**Jornalismo de TV** Luciana Bistane e Luciane Bacellar
**Jornalismo e publicidade no rádio** Roseann Kennedy e Amadeu Nogueira de Paula
**Jornalismo digital** Pollyana Ferrari
**Jornalismo econômico** Suely Caldas
**Jornalismo esportivo** Paulo Vinicius Coelho
**Jornalismo internacional** João Batista Natali
**Jornalismo investigativo** Leandro Fortes
**Jornalismo político** Franklin Martins
**Jornalismo popular** Márcia Franz Amaral
**Livro-reportagem** Eduardo Belo
**Manual do foca** Thaïs de Mendonça Jorge
**Manual do frila** Maurício Oliveira
**Manual do jornalismo esportivo** Heródoto Barbeiro e Patrícia Rangel
**Os jornais podem desaparecer?** Philip Meyer
**Os segredos das redações** Leandro Fortes
**Perfis & entrevistas** Daniel Piza
**Reportagem na TV** Alexandre Carvalho, Fábio Diamante, Thiago Bruniera e Sérgio Utsch (orgs.)
**Teoria do jornalismo** Felipe Pena

# Assessoria de imprensa
## Como se relacionar com a mídia

Maristela Mafei

*Coordenação de texto*
Patrícia Gil

*Pesquisa*
Valentina Nunes

*Copyright*© 22004 Maristela Mafei
Todos os direitos desta edição reservados à
Editora Contexto (Editora Pinsky Ltda.)

*Diagramação*
Gustavo S. Vilas Boas

*Preparação de texto*
Luciana Salgado

*Projeto de capa*
Marcelo Mandruca

*Imagem de capa*
José Luis Pelaez/Corbis/Stock Photos

Dados Internacionais de Catalogação na Publicação (CIP)
(Câmara Brasileira do Livro, SP, Brasil)

Mafei, Maristela
Assessoria de imprensa : como se relacionar com a mídia /
Maristela Mafei. 5. ed., 1ª reimpressão – São Paulo :
Contexto, 2023. – (Coleção comunicação)

Bibliografia.
ISBN 978-85-7244-280-0

1. Assessoria de imprensa 2. Comunicação nas organizações
3. Ética jornalística 4. Marketing de relacionamento
I. Título. II. Série

04-6694                        CDD-659-29070

Índice para catálogo sistemático:
1. Assessoria de imprensa : Relacionamento com a mídia :
Comunicação organizacional : Administração   659.29070

2023

Editora Contexto
Diretor editorial: *Jaime Pinsky*

Rua Dr. José Elias, 520 – Alto da Lapa
05083-030 – São Paulo – SP
PABX: (11) 3832 5838
contato@editoracontexto.com.br
www.editoracontexto.com.br

Proibida a reprodução total ou parcial.
Os infratores serão processados na forma da lei.

Minha trajetória até aqui como jornalista e fundadora de uma grande agência de comunicação (o grupo Máquina) me impulsiona a compartilhar com vocês, estudantes e profissionais, os dilemas e as alegrias do ofício de assessoria de imprensa em nosso país. Por isso, dedico este trabalho a todos que, junto comigo, se dispõem a fazer dessa profissão um exercício de honestidade. Mais diretamente, aos funcionários da Máquina, que têm me ajudado diariamente a contar essa história durante os últimos dez anos. Liderados por Inês Castelo, eles formam uma equipe inquieta, inovadora e sintonizada com as mudanças no mercado brasileiro de relações públicas.

Esse não é um serviço de imprensa secreto. Todo nosso trabalho é feito às claras. Nós pretendemos fazer a divulgação de notícias. Isso não é uma agência de anúncios. Se acharem que o nosso assunto fica melhor na seção comercial, não o usem. Nosso assunto é exato.

Ivy Lee, 1906, "Declaração de Princípios"
do que poderiam ser consideradas, hoje, as atividades
de relações públicas e assessoria de imprensa.

# SUMÁRIO

**INTRODUÇÃO**
*Exercício de honestidade* ........................................................ 11
   Não se acomode .................................................. 14

**CAPÍTULO I**
*Quer encarar o desafio?* ...................................................... 17
   É aqui que você entra ............................................ 18
   Jogo de paciência ................................................. 19
   Nem tudo o que a imprensa publica é verdade ............... 20
   A "má vontade" dos jornalistas de redação ................... 21

**CAPÍTULO II**
*Entre um bom repórter e um bom assessor* .................... 25
   Gestor estratégico ................................................ 26
   O que é de interesse público
   para um lado é também para o outro? ........................ 27
   Ainda existem objetivos em comum .......................... 28
   Um novo modelo de comunicação ............................ 29

**CAPÍTULO III**
*Assessoria de imprensa ou relações públicas?* ............... 31
   "O público que se dane" ........................................ 32
   O peso da guerra .................................................. 33
   A experiência brasileira .......................................... 34
   A mácula das ditaduras .......................................... 35
   Surge a Aberje ..................................................... 36
   O despertar das empresas ...................................... 37
   O impulso da privatização ...................................... 37
   A vez do consumidor ............................................ 39
   Entre nomes e egos .............................................. 40
   Uma constante reformulação .................................. 41

## CAPÍTULO IV
### Afinal, o que o mercado profissional quer de você? ........... 43
Exigência de um perito ....................................................... 45
Imagem boa ajuda a vender ................................................ 46
Aprendendo a fazer o difícil ................................................. 47
Guia de conceitos ............................................................... 49

## CAPÍTULO V
### Quem são clientes, chefes e empregadores ........................ 53
A expectativa do assessorado ............................................. 54
Jogo de interesses .............................................................. 56
Quando ir à mídia ................................................................ 57
Chefes ................................................................................. 58
Ascendência sobre o cliente ............................................... 59
Empregadores .................................................................... 61

## CAPÍTULO VI
### Procedimentos de trabalho .................................................. 63
Instrumentos do dia a dia .................................................... 66

## CAPÍTULO VII
### Formas usuais de relacionamento com a imprensa ............ 79
Trabalho de convencimento ................................................ 80
Passando a informação adiante .......................................... 81
Divulgação para todos os veículos ...................................... 82
Entrevistas individuais ......................................................... 83
Aula de jornalismo para o cliente ........................................ 84
Entrevistas coletivas ............................................................ 86
Quando a imprensa não comparece ................................... 88
Informações exclusivas para colunistas .............................. 89
Pautas especiais ................................................................. 90
Pautas contextualizadas ..................................................... 90
Artigos ................................................................................. 91
Encontros informais ............................................................ 91
Visitas institucionais às redações ........................................ 92

## CAPÍTULO VIII

***A imprensa vem até você*** ........................ 93
   Acompanhamento passo a passo ........................ 95
   O imponderável acontece ........................ 95
   Quanto o repórter "mente" ou "não abre" a pauta ........ 96
   Colecionando inimigos ........................ 97
   Anunciantes querem credibilidade ........................ 99
   Hierarquia nas redações ........................ 99

## CAPÍTULO IX

***Erros mais comuns*** ........................ 101
   O cliente não quer falar ........................ 101
   Cliente que fala muito e sem foco ........................ 104
   Interrogatório ........................ 104
   Amigos? ........................ 105
   Coletiva fora de controle ........................ 105
   Ao lado de personalidades ........................ 106
   Assessor não é dono ........................ 106
   "A culpa é da imprensa" ........................ 106
   Não mande "jabá" para os jornalistas ........................ 107

## CAPÍTULO X

***Situações de crise*** ........................ 109
   Quando a crise é de comunicação ........................ 112
   Convocação de uma força-tarefa ........................ 113
   Ato de humildade ........................ 114
   Aproveitadores de holofotes ........................ 115
   Para não ficar só no discurso ........................ 118
   O envolvimento do CEO ........................ 120
   Fortalecendo a credibilidade ........................ 121
   Personalidades ........................ 121
   Consultoria de risco à imagem ........................ 122

***BIBLIOGRAFIA*** ........................ 123

# *INTRODUÇÃO*

## Exercício de honestidade

Este livro apresenta dicas úteis a todas as pessoas que, volta e meia, se veem alvo do noticiário; que já se relacionam ou desejam se relacionar com a imprensa, ou que têm somente curiosidade em conhecer o tema. Todos podem encontrar aqui dicas úteis para conhecer melhor como se sustenta esse relacionamento, quais suas melhores práticas e como ele pode ocorrer dentro de um padrão de respeito mútuo.

Para você, que está em início de carreira, recomendo com ênfase que faça do exercício da honestidade uma prática constante. Sei que isso deveria ser corriqueiro não apenas nessa mas em todas as outras profissões. No entanto, no meio do caminho, podemos encontrar quem não tenha essa mesma disposição. Por isso, não custa insistir: cultive a honestidade com seus assessorados, com a imprensa e com quem mais você for se relacionar tanto profissional como pessoalmente.

A parte mais difícil é sugerir que você exercite a honestidade ainda que, em muitos casos, não ocorra reciprocidade. Do contrário, será muito complicado levar adiante sua profissão. Faça sua parte; sem isso, diante de outro jornalista, você não poderá exigir que ele também seja franco, que "abra a pauta" e diga qual matéria está sendo produzida. Também não conseguirá que o repórter "escute o outro lado" e dê chances de respostas a seu assessorado – em espaço e edição proporcional à primeira versão da notícia –, no caso de algum tipo de acusação. Em certas ocasiões, você deverá enfrentar o colega e, com argumentos, sugerir que ele não "force a barra" para fazer matérias polêmicas, apenas para estar de acordo com a característica do veículo em que trabalha, ou para praticar os velhos sonhos de ser um jornalista desbravador, custe o que custar. Muitas vezes, caberá a você alertá-lo de que o preço pode ser uma notícia mal-interpretada e gratuitamente "turbinada".

Está enganado e desatualizado quem vê no assessor de imprensa aquele que barra a entrada do repórter, e que consegue fazer prevalecer todos os seus pontos de vista. Quem parte para um relacionamento com a imprensa de modo direto ou por intermédio de uma assessoria está "comprando" um risco o tempo todo. Pode dar certo e pode não dar. A mídia veicula informações que seus profissionais pautam, apuram e publicam ou levam ao ar a partir de seus próprios critérios. Há situações em que você precisa dizer ao assessorado que, caso ele não queira enfrentar essas incertezas, a saída é publicar anúncios pagos, único modo seguro de controlar a mensagem – ainda que, vale lembrar, haja veículos que recusam publicidade com conteúdo contrário aos próprios valores ou às matérias defendidas no espaço editorial.

Apesar de já existir mais compreensão sobre os riscos embutidos no trabalho de assessoria de imprensa, as empresas do ramo continuam crescendo, a ponto de empregarem, hoje, pelo menos 50% dos jornalistas do estado de São Paulo (de acordo com os cálculos de Jorge Duarte, em *Assessoria de imprensa e relacionamento com a mídia: teoria e técnica*). Isso ocorre ao lado de outro comportamento singular: a permanência, embora menos acentuada, do preconceito contra os assessores de imprensa por parte dos jornalistas de redação (que identificam na prática uma atividade menor). No entanto, boa parte destes, diante da crise do mercado publicitário e consequente redução do emprego nos veículos da grande imprensa, continua encontrando trabalho e possibilidade de crescer na profissão dentro das assessorias. Isso nos remete novamente àquela velha questão sobre assessoria de imprensa $X$ jornalismo. Se você pensa em seguir essa carreira, lembre-se de que precisará também vencer tabus como esse.

A função das assessorias na intermediação entre cliente e imprensa vem assumindo papel cada vez maior. Depois de passarem, no Brasil, por dois grandes momentos de crescimento na década de 1990 (abertura de mercado e privatizações), essas empresas assimilaram técnicas e conhecimentos que permitiram que evoluissem para grandes agências de comunicação ou de relações públicas, consolidando-se devido a parcerias com grupos internacionais de *Public Relations*, as PRs norte-americanas e europeias.

Nessas agências, a atividade foi entregue a jornalistas profissionais – alguns com mais experiência em redações; outros com formação acadêmica mais sólida. Na nova função, eles entraram em contato com profissionais de áreas distintas e assimilaram outras práticas, mais afeitas às relações públicas (como responsabilidade social ou relações institucionais), tornando-se comunicadores multidisciplinares, mesclando várias ferramentas de comunicação para maximizar resultados pretendidos e abranger diversos interlocutores.

Tenho acompanhado de perto essa evolução e pretendo contar um pouco como ela se processou e a que ponto chegamos. Tudo o que está escrito aqui aprendi, primeiro, em quinze anos como jornalista de redação, trabalhando em jornal impresso, revista, rádio e TV, de 1980 a 1995. Nesse período, tive passagens rápidas por várias empresas (em uma delas cheguei a ficar exatas 24 horas!), permanecendo mais tempo na editora Globo e posteriormente na *Folha de S.Paulo*. Segundo, como jornalista e sócia-fundadora do grupo Máquina, em 1995 – mais conhecido como Máquina da Notícia, o nome de origem –, agência de comunicações e de relações públicas que hoje está entre as maiores do segmento.

Ao longo de quase dez anos de existência, a Máquina foi guiada pela intuição, por espírito empreendedor e pela valiosa consultoria de gestão que recebemos espontaneamente de empresários e executivos a quem recorríamos para pedir ajuda.

As histórias e dicas que contarei a vocês foram retiradas dessa estrada profissional que venho percorrendo. Este livro foi, portanto, elaborado a partir da prática e da experiência. Ele não pretende, de forma alguma, substituir as leituras mais teóricas que todo profissional precisa fazer – na universidade e fora dela. Trata-se de uma tentativa de preencher certas lacunas que o ensino do Jornalismo tem deixado em nosso país.

Hoje as empresas e os governos precisam de gestores capacitados para compreender e interpretar as informações publicadas pela imprensa, do ponto de vista do que interessa para as organizações. Se tiverem, ainda, noções sobre como se processa uma informação com potencial para virar notícia, saberão como surge e como poderia ser evitada boa parte dos problemas com a mídia.

E se você ainda tem em mente a imagem de um assessor como uma pessoa sentada ao lado de uma mesa, disparando telefonemas para "contatos" nas redações, então esteja certo de que precisa urgentemente rever conceitos se quiser sobreviver nesse mercado.

Atualmente é necessário dominar uma rígida e muitas vezes burocrática metodologia de trabalho, com seus respectivos instrumentos de avaliação. Muitos dos pré-requisitos exigidos para a função são os mesmos existentes para profissionais de outras áreas. É fundamental, por exemplo, planejar e administrar os custos de suas atividades, além de pensar em produtividade e em novos produtos e serviços a serem oferecidos ao cliente (o que apresentar diante de uma nova situação?). O assessor de imprensa é também um gestor de pessoas e de orçamentos. Na maior parte das agências de comunicação, ele terá acesso a planilhas para controlar as variáveis que compõem o *fee* (valor mensal pago pelo assessorado) – e elas não podem "estourar". Nas agências, a manutenção dos índices de desempenho financeiro tornou-se um desafio permanente.

Por outro lado, seus clientes também precisarão controlar os gastos com assessoria de imprensa, em nome da competitividade em seus setores. Para isso, precisam de parceiros solidários e antenados com a realidade do mercado de comunicação.

## NÃO SE ACOMODE

Como o mercado de trabalho não para, você jamais poderá se acomodar diante dele. O assessor de imprensa que o mercado busca é aquele profissional inquieto e arrojado, capaz de antecipar cenários e de desenvolver prognósticos para os assessorados. Deverá também oferecer instrumentos de trabalho e de comunicação que estejam sempre à frente da concorrência.

O assessor que dedica toda a sua experiência anos a fio a um cliente ou a uma agência de comunicação, infelizmente, não está só por isso garantido no mercado. Ele pode ter sido o melhor integrante de uma determinada equipe, mas alguém pode avaliar que ele não tem perfil adequado para o momento atual da agência ou do assessorado. Por isso, é preciso olhar ao redor e perceber a tendência das mudanças para se antecipar a elas, propondo novos desafios à própria atuação e ao empregador.

Para um bom assessor de imprensa, há ainda outros pré-requisitos que não se conquistam nos bancos escolares ou na prática diária. É claro que cursos de pós-graduação, formação em faculdades com boa reputação e aprendizado de idiomas são recomendáveis na profissão. Mas as aptidões da "alma" são ainda mais importantes.

É preciso ter muita garra, vontade de fazer o certo, de crescer, de construir uma carreira sólida e leal, ampliar o círculo de relacionamentos e buscar melhor qualidade de vida. Ter iniciativa é indispensável: se não der por um lado, tente por outro; é melhor errar do que ficar parado.

E, o principal, cultive o senso de humor e uma enorme capacidade de adaptação, pois você viverá em um ambiente que concentra muitas diferenças e atuará numa profissão em permanente mudança.

O imponderável pode surpreender você ao longo dessa profissão. Espero que minha experiência, contada neste livro, possa ajudar na lida diária com situações inesperadas, e que também auxilie você a planejar melhor determinadas ações, quando isso for possível. E se, ao final desta introdução, você tiver se convencido de que vale a pena exercitar a honestidade, já me dou por satisfeita.

Este é um livro que pretende despertar novos e antigos debates sobre a profissão do assessor de imprensa. Quero convidá-lo a encarar algumas polêmicas para entendermos como essa tarefa torna-se, dia após dia, um árduo e gratificante exercício de honestidade. Estou confiante de que as novas gerações poderão praticá-lo com bastante primor, desde que bem-apoiadas. Por isso "adoto" os estudantes de Jornalismo e os jovens profissionais como meus interlocutores principais nesta obra.

Com base na realidade atual do mercado (o que sai na imprensa cada vez mais influencia decisões nas altas cúpulas das organizações), recomendo que este livro seja lido com atenção também por estudantes de Administração de Empresas e de Economia. Infelizmente, a matéria "como funciona a imprensa e o que fazer para se relacionar bem com ela" não existe no currículo dessas faculdades e de seus programas de pós-graduação. Do mesmo modo, a própria matéria "assessoria de imprensa" continua ausente, em grande parte, das próprias faculdades de Jornalismo!

No entanto, não esperem encontrar aqui um manual de como fazer assessoria. Pretendo dar algumas dicas, sim. De resto, cada um deverá andar com as próprias pernas. E o ponto de partida será a dúvida. Afinal, é bom irem se acostumando a enfrentar as encruzilhadas que certamente se repetirão daqui por diante. Portanto, vamos direto ao assunto.

Imagine-se, como assessor de imprensa, trabalhando para uma grande corporação da iniciativa privada ou para um órgão público. Em dado momento, um repórter telefona e pede uma informação que, se publicada, causará um estrago para seu cliente, seja ele empresa privada ou governo. Ora, você é um jornalista que, durante os anos de universidade, acalentou os sonhos de uma profissão livre, desbravadora, capaz de derrubar até o presidente da República. O que fazer? Dar ao repórter a informação bombástica e trair o assessorado para o qual você trabalha, em nome do interesse público? Fugir pela tangente, mentir, demitir-se e "lavar as mãos"? Ou enfrentar a verdade, contextualizando os dados da melhor forma possível, prestando informações de qualidade e evitando que principalmente o público seja prejudicado com notícias equivocadas ou mal-interpretadas?

É claro que essas não são as únicas possibilidades de ação. Além disso, você corre o risco de se ver em uma instituição em que descobre, de repente, que nada parece estar dentro da legalidade. Se este for o caso, você entrou numa barca furada e só lhe resta sair enquanto há tempo. Mas se não for, você deverá agir, em primeiro lugar, com a convicção de seu papel nessa profissão. Estou falando de uma antiga discussão que apenas parece estar resolvida. Ao longo de minha carreira, ainda não consegui encontrar consenso sobre isso. Afinal, assessor de imprensa é jornalista?

Apresso-me em responder, para que não restem dúvidas quanto ao ponto de partida da autora: sim, assessor de imprensa é jornalista. E por várias razões, que defenderei nos próximos capítulos – sem negar, obviamente, os diversos conflitos implícitos no cotidiano da profissão, entendo que essa é uma questão de base, e cabe principalmente para atuais ou futuros profissionais do ramo de assessoria.

# CAPÍTULO I

## Quer encarar o desafio?

Pisar no terreno do relacionamento com a imprensa é tarefa para quem está disposto a desarmar minas terrestres – daquelas com potencial de jogar a imagem de pessoas e organizações pelos ares. É ofício para perseverantes. Muitas vezes, é falar sem ser ouvido, é insistir e ser considerado um chato, é tentar abrir os olhos de quem não quer ver. Mas é também defender quem busca se relacionar bem com a mídia para expor indícios de uma boa gestão.

Essa é uma profissão capaz de consumir o jornalista que joga sempre na retaguarda. O que quero dizer é que, no imaginário de muitos jovens profissionais, só vale o jornalismo que está na linha de frente. Ou seja, na tela da TV, no microfone do rádio, com o nome nos veículos impressos ou na Internet.

Jogar na retaguarda não significa segurar a informação, barrar o acesso de jornalistas. Ao contrário. Ainda que não se evidencie o papel de quem está nos bastidores, dali também nascem grandes pautas, e de onde fluem informações que serão processadas pelas redações. Um bom trabalho de assessoria de imprensa é capaz de movimentar grandes causas.

Cito um exemplo muito claro. Em 2001, a Organização das Nações Unidas (ONU) reconheceu no Brasil o país que mais estimulou o voluntariado e cuja imprensa deu mais visibilidade ao tema. Uma boa ação da mídia? Duvido que os veículos de comunicação tivessem despertado interesse à questão de forma continuada, não fosse o trabalho de assessoria de imprensa realizado na ocasião pelo Instituto Brasil Voluntário. Várias instituições de terceiro setor se juntaram ao esforço de divulgar ações interessantes, seguidas por empresas engajadas com o movimento de responsabilidade social.

Os assessores de imprensa foram hábeis em planejar os assuntos divulgados a cada mês e em contar histórias de pessoas e comunidades que melhoraram de vida graças ao voluntariado. Cercaram o assunto por vários lados. E tiveram basicamente muito jogo de cintura para fazer com que a imprensa achasse notícia onde não estava procurando. O resultado nós já conhecemos. Essas iniciativas provocaram uma rede de incentivos que tornaram a sociedade brasileira mais solidária, graças também ao papel cumprido pela imprensa, devidamente estimulada pelas assessorias de comunicação.

Ir à mídia para expor posições e tornar públicos bons trabalhos é o que têm buscado as empresas, os governos, as entidades da sociedade civil e os cidadãos comuns. Isso é algo próprio da democracia avançada em todo o mundo. É também, ao mesmo tempo, um voto de confiança na mídia e uma busca de legitimidade.

É claro que repórteres e assessores estão em lados opostos, defendendo interesses diferentes. E com a crise atual da nossa imprensa, as assessorias passaram a absorver os melhores profissionais do mercado, capazes de levar à mídia assuntos de claro interesse público que, caso contrário, poderiam não ser cobertos espontaneamente pelos veículos de comunicação.

## É AQUI QUE VOCÊ ENTRA

Em tese, uma matéria veiculada no rádio, na TV, Internet ou publicada pela mídia escrita é – ou deveria ser – nada mais do que o reconhecimento público que a sociedade, por intermédio da imprensa, faz do assunto abordado, e por consequência, do trabalho das pessoas que estão por trás daquelas realizações.

Mas a notícia veiculada pode ou não fornecer a percepção correta da realidade abordada. E isso vai depender de como o assunto chega ao jornalista, de como as informações são apuradas e editadas, do acesso a fontes e dados corretos, da experiência, autonomia e ética do profissional da imprensa, bem como da isenção do veículo ao qual ele pertence.

É aqui que você entra: no esforço de ajustar a percepção pública à realidade de seus assessorados. O assessor de imprensa deve se preparar profissionalmente para "vender" seu trabalho a todos os que queiram se relacionar com a mídia: por considerar que têm contribuições de interesse público para oferecer à sociedade, por serem solicitados a prestar contas sobre suas ações.

Não se trata de atividade restrita a um grupo de profissionais, devidamente formados para isso. O contato direto com as redações é facultado a qualquer pessoa, ao executivo de qualquer empresa, ao profissional de qualquer instituição, ao integrante de qualquer poder constituído.

Os próprios veículos e seus profissionais têm interesse nesse contato direto. Para isso estabelecem canais de comunicação com o público, como as colunas de cartas e de defesa do consumidor, editorias de opinião, além da divulgação de *e-mails* e números de telefones dos jornalistas para que possam ser acessados sem mediadores.

Mas é cada vez maior o número de organizações e pessoas que, mesmo conhecendo a cultura das redações e sabendo o que fazer para que uma informação se transforme em notícia, preferem entregar a função a profissionais especializados. Afinal, sua atividade principal não é falar com a mídia e sim desenvolver políticas públicas (no caso de governos), representar setores (como as entidades de classe), vender produtos e serviços (empresas privadas) ou elaborar projetos sociais (ONGs, por exemplo).

Quero dizer que sim, há mercado para você. Se os espaços nas redações estão cada vez mais fechados para novos profissionais, o ramo de assessoria de imprensa é convidativo. E não se trata de válvula de escape. Se você quer encarar esse desafio, precisa, em primeiro lugar, compreender em que terreno está entrando. Comece deixando para trás a visão simplista de que vai fazer apenas divulgação para a mídia.

## JOGO DE PACIÊNCIA

Além de ser muito consciente do que faz, você precisará, não raras vezes, testar sua paciência. É muito provável, por conta do novo contexto do mercado de comunicação institucional, que você assessore clientes que não têm a menor ideia de como deve ser o relacionamento com a imprensa. E isso vai acontecer mesmo com grandes corporações ou com executivos de sucesso.

Perdi as contas de quantas vezes precisei explicar a clientes que o trabalho do assessor é com o espaço editorial e não com o publicitário, e que as ferramentas principais são a notícia de qualidade e a argumentação. Portanto, não há garantias de que o cliente verá na mídia somente o que gostaria, no espaço desejado e com abordagem elogiosa.

Muitos executivos ainda acreditam que pagar um assessor de imprensa é o mesmo que pagar por matérias sempre positivas na mídia. Acham que o bom relacionamento com repórteres e editores basta para que o assessor abra espaços para a instituição. Já falamos um pouco sobre isso, mas quero ressaltar aqui que você precisará exercitar seu lado político para esclarecer a diferença de papéis para o assessorado, sem que ele conclua que seu trabalho, não sendo "garantido", é dispensável.

Para tanto, trate de treinar seu poder de convencimento, começando por explicar com quem vocês estão lidando e por desmistificar a imprensa.

## NEM TUDO O QUE A IMPRENSA PUBLICA É VERDADE

Se pudéssemos eleger um alvo contra o qual trabalhar, eu diria que ele deve ser a imprecisão da notícia. Mesmo uma notícia correta pode trazer muitos danos para os envolvidos, pois, apesar de correta, ela pode ser negativa. Uma notícia incorreta, mesmo que considerada positiva para os envolvidos, é muito mais danosa. Nesse caso, a imprensa prestou um desserviço a quem a recebeu, fazendo com que o leitor, telespectador ou ouvinte formasse um juízo equivocado sobre aquele assunto.

Mas as duas coisas juntas – uma notícia incorreta e negativa ao mesmo tempo – têm um efeito perverso. Ao expor publicamente pessoas, empresas ou instituições de forma indevida, a mídia pode provocar a destruição de reputações, algumas vezes de maneira irreversível. Geralmente, o poder de destruição da mídia é muito maior do que o de construção.

Isso pode ocorrer porque muita gente acredita que tudo o que sai na imprensa – por se tratar de mídia espontânea (não paga) – é verdadeiro.

Mas as coisas não são bem assim. Não há profissão ou atividade livre de erros e desvios. No caso da imprensa, a inexperiência de repórteres e a pressa (provocada pelo ritmo industrial de produção de notícias) para apurar e escrever informações são fortes componentes desses equívocos. E é claro que, em determinados casos, a má-fé vem primeiro. Mas essa não é a regra. Pesa sobre isso o orgulho de um repórter que faz tudo por um "furo", ainda que precise "carregar na tinta" – como se diz nas redações quando um redator exagera nas abordagens negativas ou positivas para que a notícia tenha mais impacto. No processo de reportagem, jornalistas de redação e assessor de imprensa se encontrarão. Se ambos forem profissionais conscientes, perceberão que possuem papéis absolutamente convergentes. Afinal, têm o objetivo comum de divulgar informações corretas. É essa a confluência que pode e deve contribuir para a boa qualidade do jornalismo.

## A "MÁ VONTADE" DOS JORNALISTAS DE REDAÇÃO

Além de enfrentar a desinformação e a resistência de alguns assessorados, você terá de encarar uma certa impaciência de repórteres, editores e outros chefes na hierarquia das redações. Ainda hoje persiste o resquício de uma histórica má vontade contra os assessores de imprensa no Brasil. Embora esse quadro já tenha mudado muito, você vai encontrar jornalistas de redação que vão te olhar de cima, como se você representasse o papel de excluído do lado bacana, que dá *status* e que é, na visão deles, o de estar em um grande veículo de comunicação.

E não é só por parte dos próprios jornalistas que isso acontece. Que mãe não gostaria de ver o filho estudante de Jornalismo aparecendo na TV ou assinando uma manchete em um jornal de grande circulação?

Muitas vezes os jornalistas de redação se submetem a um ritmo de trabalho insano e fazem pouco ou nenhum esforço para romper com essa realidade, uma vez que contabilizam no seu bem-estar o exercício de uma atividade que os diferencia e que dá a eles projeção em seu círculo de convivência.

É justo e legítimo que você sonhe em trabalhar em uma redação, mas isso não significa que a assessoria de imprensa seja uma atividade menor e que não deva ser seriamente considerada como um setor em que você poderá se aprimorar e agregar valor às suas vidas profissional e pessoal. Aliás, estou tentando dizer a você que as assessorias estão, em muitos casos, cumprindo um papel que deveria ser o da imprensa.

Isso acontece, por exemplo, sempre que os assessores, hoje muito mais vigilantes, alertam para os erros de informação publicados e insistem na correção. Ponto para o leitor. Acontece também quando facilitam o acesso do repórter a entrevistados que não estariam disponíveis. É o leitor quem ganha, em última instância, com a pluralidade de fontes e com as revelações de um informante credenciado. E são também os assessores que têm, cada vez mais, levado ao conhecimento do público, por meio da imprensa, histórias de interesse geral e que, caso contrário, poderiam jamais vir à tona – provavelmente porque os veículos não teriam profissionais disponíveis para investir tempo em investigar e descobrir o assunto.

Esses exemplos servem para mostrar que redações e assessorias não precisam ser tratadas como lados inimigos. Em muitas situações, elas são convergentes, para o bem do leitor.

A dificuldade de se perceber essa convergência nos remete à história política do nosso país. Essa tal má vontade nas redações veio da época em que a ditadura militar empregava parte dos próprios jornalistas como assessores, facilitando assim a publicação automática dos *press releases* (textos de divulgação para a imprensa) que chegavam às redações.

O conflito ético dessa situação era óbvio. E não apenas porque se tratava de estar a serviço dos militares. Em qualquer situação, ser assessor e trabalhar ao mesmo tempo em redação é como jogar para os dois lados. Falta isenção ao repórter ou ao editor para julgar se aquele material de divulgação tem interesse público para ser veiculado. É impensável uma situação em que o próprio assessor, tendo em mãos um texto sobre seu assessorado, defenda que o mesmo não deva ser transformado em notícia. Se assim achasse, sequer o teria escrito.

Na prática, há quem diga que tal conflito deixa de existir se o repórter atua em um tipo de cobertura (política, por exemplo) e seus assessorados pertencem a outra área (como a de cultura). Nesses casos, o embate não é frontal, mas ainda assim há o risco de esbarrar em relacionamentos com jornalistas de outras editorias que, por um triz, priorizam o "favor" ao colega (inserindo o assessorado deste no noticiário) em detrimento do interesse geral.

O problema é que esse tipo de situação é mais corriqueiro do que se imagina. Em grande parte, é ainda mais comum nas cidades do interior do país e em veículos menores. Torna-se ainda pior quando a posição de assessor de imprensa não é oficial. Na verdade, há muitos jornalistas em redação e, especialmente, colunistas que trocam favores com empresas e personalidades. Vestem-se de uma imagem de independência, mas fazem as vezes de "amigo" ou apoiador de organizações e personalidades.

Se há razões que expliquem a oposição das redações aos assessores, também falta aos jornalistas voltar os olhos para o presente e para as profundas mudanças ocorridas no setor de comunicação. Embora muitos assessores de imprensa, como tantas outras categorias de profissionais, se prestaram a um papel deprimente durante a ditadura, felizmente outra parcela maior se incorporou ao mercado no processo democrático. Nesse percurso, contribuíram significativamente para levar vários setores da sociedade a entender melhor o funcionamento da imprensa e a tratá-la como é devido: como uma instituição que se dedica a defender os interesses públicos dos leitores, ouvintes, telespectadores e usuários (no caso da Internet, que têm veículos *on line*) de maneira livre.

Não hesito em afirmar que foi também graças ao trabalho das assessorias e dos profissionais competentes desse ramo que as organizações privadas e públicas reconheceram a importância da isenção dos jornalistas, da liberdade de imprensa e do relacionamento ético com os veículos.

Mas ao mal-estar sobre "quem se prestou a que tipo de papel" na ditadura sobreveio outro, a partir do final da década de 1980, quando os assessores – a maior parte empregada direta ou indiretamente pelas grandes corporações – tiveram suas atividades enquadradas por parcela dos jornalistas da grande imprensa entre aquelas afeitas ao que poderia se chamar de *lobby*.

Ao divulgar as realizações de seu assessorado para a imprensa, muitas vezes o assessor é visto como um profissional pago para defender os interesses da corporação independentemente de sua ética e convicção, como se fosse um sujeito com um par de cifrões na frente dos olhos.

Esse é um dos pontos de vista. Outro, é refletir sobre as alterações que atingem a mídia e que implicam ampliar e renovar o leque de especializações, deixando brechas para que a profissão se renove continuamente. Significa que o jornalismo ganha novas oportunidades de trabalho. Mais do que isso: ao incorporar bons jornalistas das redações, as assessorias aprimoram suas práticas, tornando-se cada vez mais profissionais e primando pelo comportamento ético no relacionamento com a mídia.

Quando eu era jornalista de redação, em meados dos anos 90, costumava jogar no lixo os envelopes contendo *press releases* das assessorias de imprensa sem abri-los, supondo que neles continha coisa muito parecida com propaganda oficial. Para mim, seu conteúdo era algo que deveria ser destinado às páginas e aos locais onde se publicam os anúncios publicitários, devendo, assim, ser encaminhados por uma agência de publicidade para o departamento comercial do jornal. Assim como eu, muitos ex-profissionais de redação que foram incorporados pelas assessorias de imprensa hoje "mordem a língua".

Embora sejam exceções, há jornalistas de redação que afirmam não falar com assessores de imprensa ou que só acreditarão nos assessores quando estes veicularem notícias contra os próprios clientes.

Como em qualquer outra profissão, também os assessores de imprensa se veem obrigados a abrir exceções pontuais com seus assessorados e os bons colocam como limite o não comprometimento de suas convicções pessoais e a natureza do seu trabalho. Disso também não escapam os jornalistas, pouco habituados a propor pautas ou a investigar assuntos que, mesmo de interesse público, possam comprometer a imagem dos veículos para os quais trabalham.

Até que ponto se permitem concessões nessa e em outras profissões é algo que diz respeito à ética de cada um. Para os assessores, é justa a escolha de defender um cliente que esteja em descrédito diante da opinião pública, mas que nada possua de desabonador. Nesse caso, um trabalho sério de diagnóstico pode comprovar que o maior problema é mesmo de comunicação, pois o cliente não consegue mostrar a própria versão dos fatos. Assessorados nessa situação merecem, sim, ser defendidos.

Por outro lado, há clientes que têm uma imagem ótima na imprensa e dos quais algumas assessorias abrem mão porque, em determinado momento, percebe-se que essa é uma imagem falsa. Se a assessoria perceber que as concessões sairam do controle, é legítimo que desista de atender a uma instituição ou personalidade que não conte a verdade sobre os fatos e dissemine informações incorretas na mídia.

## *CAPÍTULO II*

## Entre um bom repórter e um bom assessor

Um bom assessor de imprensa é aquele que reconhece os limites éticos de sua atuação e não os ultrapassa. Não mente, não engana, não ameaça, não oferece vantagens a jornalistas em troca da inserção de reportagem positiva sobre seu cliente. Seu compromisso principal é sempre o de auxiliar o assessorado no contato com a imprensa, em busca da notícia correta.

O bom assessor tem muito de um bom repórter. Apura criteriosamente informações sobre o assessorado, busca dados que compõem uma notícia, procura fontes confiáveis (dentro e fora da organização, se for necessário) para averiguar a abordagem que tem em mente. Na hora de divulgar, tem a função de ajudar seu assessorado a identificar se o fato que ele quer ver divulgado é de interesse público e, assim, passível de se tornar objeto de matéria. Caso não seja, o tema não deve ser levado à mídia.

Jornalistas que recebem sugestões de pautas falaciosas tendem a não reconhecer nesse cliente uma fonte merecedora de confiança, pois este parece preocupado exclusivamente com os próprios interesses e é capaz de fazer da mídia um mero instrumento a seu dispor.

E mais: o profissional de redação pode interpretar que essa instituição não o respeita como jornalista competente que é para julgar uma boa pauta e produzir notícias de qualidade. A partir disso, está arranhada qualquer possibilidade de construir um relacionamento transparente e sólido entre os dois. É claro que aqui também há exceções. Em alguns casos, repórteres não estão habilitados, por alguma razão, a discernir sobre a validade de uma pauta e acabam tornando-se porta-vozes dos interesses de pessoas e instituições, por meio de suas matérias na imprensa. O mais grave nessa situação é quando tais matérias contêm dados incorretos ou inexatos.

## GESTOR ESTRATÉGICO

Em seu livro *Comunicação empresarial: teoria e pesquisa*, Wilson da Costa Bueno defende, com muita propriedade, que o assessor de imprensa ganhou atribuições muito mais complexas com o desenvolvimento da indústria de comunicação. E deveria, a partir de então, ser chamado de "gestor de relacionamentos". Essa mudança de perfil tem a ver também com o novo papel que a própria comunicação ganhou nas organizações: de algo tático para uma função estratégica.

Em meio às estratégias, o bom assessor é aquele que estabelece e executa práticas que levam à veiculação de informações corretas. Para tanto, precisa conhecer a produção jornalística, com todas as suas "esquizofrenias". Dele dependerá a construção de uma rede de relacionamentos entre jornalistas, formadores de opinião, público interno e demais interlocutores que contribuam para consolidar uma boa imagem da organização. Na tentativa de abrir espaços positivos na mídia, o assessor deve criar oportunidades. Mas jamais deve perder de vista que seu papel é representar o assessorado.

Quando a crise bater, também estará nas mãos do assessor indicar se seu cliente precisa apenas encontrar a melhor forma de responder às críticas da imprensa ou se deve rever sua atuação por completo. Depois da situação de emergência, todos precisarão dedicar atenção para que outras situações semelhantes possam ser prevenidas. Em negócios de alto risco, pela própria natureza das atividades, planos de gerenciamento de crise devem estar prontos para serem acionados em determinados momentos. Na maior parte dos casos, a espinha dorsal da empresa é o bom relacionamento com a imprensa.

Para que o plano dê certo, é preciso ter desenvolvido, ao longo de sua história, relacionamentos sustentáveis com diversos públicos. Uma organização que mantém uma relação aberta e profissional com jornalistas certamente sairá com a imagem menos arranhada da crise. Antes, durante e depois desta, o bom assessor precisa estabelecer práticas positivas para que as notícias sejam publicadas com isenção e reconhecimento para com os esforços da organização. Por isso o profissional dos tempos atuais deve abrir mão de ser apenas um instrumento para divulgações de seu assessorado para se reconhecer, então, como um articulador estratégico.

## O QUE É DE INTERESSE PÚBLICO PARA UM LADO É TAMBÉM PARA O OUTRO?

Não é sempre que o trabalho do assessor e do repórter é interativo ou que este presta serviços ao leitor e aquele facilita a informação com essa finalidade.

Muitas vezes, a informação a ser divulgada é considerada de interesse público para um dos lados, mas não para o outro. Em outras, o que é alegado como de interesse público pode ser questionado. Não raramente, assessores e jornalistas estão em lados completamente opostos. Portanto, comece enfrentando essa diferença de maneira consciente.

O melhor a fazer, então, é entender bem o sentido da sua profissão: você assessora seu cliente e não o jornalista – ainda que essa afirmação provoque controvérsias entre repórteres, especialmente quando o assessorado é um órgão público, e o jornalista argumenta que o salário do assessor advém dos impostos pagos por todo cidadão.

Seja como for, a não ser que o jornalista peça sua ajuda para levantar fontes, informações e dados, canalize sua energia e sua atenção para auxiliar seu assessorado no relacionamento que ele precisará desenvolver com a imprensa da melhor forma possível. Muitas vezes, você tem uma excelente matéria em mãos, do ponto de vista da imprensa, mas não interessa a seu assessorado que ela seja veiculada – ou pelo menos não naquele momento. Saber fazer essa distinção e ver até onde o alegado interesse público se sobrepõe aos interesses de quem você está assessorando é fundamental para que você não se perca, não saia do foco do seu trabalho e não prejudique seu assessorado.

## AINDA EXISTEM OBJETIVOS EM COMUM

Se existem divergências entre o papel do assessor e o do jornalista de redação, existem também objetivos em comum. O principal deles é que nós, os assessores, trabalhamos para intensificar o fluxo de informações entre os meios de comunicação e a sociedade. Com isso, facilitamos o acesso dos jornalistas às fontes e auxiliamos as mesmas fontes (nossos assessorados) a ter um canal de comunicação aberto com a imprensa. Além disso, a matéria-prima desse relacionamento é a informação exata e correta.

Não é preciso ficar com um pé atrás ou se preparar para ir à guerra. Se a regra desse relacionamento for o profissionalismo (embalado pela ética) de ambos os lados, é o público que, em última instância, sairá beneficiado. Afinal, as pessoas têm buscado, cada vez mais, informações particulares sobre organizações com as quais se relacionam. Essa parece ser uma forma característica da pós-modernidade, em que os cidadãos deixam de acreditar firmemente nas grandes instituições (como Igreja e governos) e tentam se situar em universos mais restritos à vida cotidiana. O caminho é a informação, que flui muito mais solta na forma de redes de comunicação.

Melhorar esse fluxo de informações e levar ao público, por meio da imprensa, dados sobre as organizações, é um passo na direção do contexto contemporâneo. Definir o que é, de fato, interesse público, está quase virando tarefa de adivinhação. Esse cenário, que vem sendo pesquisado exaustivamente pelos estudiosos da pós-modernidade, exige que tanto a mídia quanto as organizações em geral revisem seus relacionamentos. O primeiro desafio é saber quem é o público. Depois, vem a tarefa de descobrir o que ele quer saber.

Nesse ambiente de dúvidas e incertezas, as assessorias de imprensa estão se reestruturando e buscando construir alicerces mais seguros. Incorporadas pelas agências de comunicação e relações públicas, se desenvolveram a ponto de balizar as estratégias de governos, grandes corporações e instituições sociais no mundo todo. É o que veremos a seguir.

## UM NOVO MODELO DE COMUNICAÇÃO

Diante desse cenário, em que as relações públicas assumem papel fundamental nas organizações, vale a pena fazer uma breve pausa e nos lançarmos um pouco à teoria. Em parte por conta do movimento generalizado em busca de visibilidade na mídia, estudiosos da comunicação estão revendo a ideia de espaço público na contemporaneidade. Como esfera de discussão política (no sentido mais amplo e não apenas oficial ou político partidário), a imprensa do século XVIII se caracterizava basicamente como meio para batalhas de opinião, lideradas pela classe burguesa em ascensão.

Na sequência (século XIX), surge a imprensa comercial, com prioridades publicitárias e produção industrial orientada para o lucro. A primazia mercantil criou uma relação muito menos direta e transparente com os cidadãos. Outros interesses, que não os do debate público, prevaleceram.

Numa terceira fase, a televisão e a comunicação de massa mais desenvolvida intensificaram o uso da publicidade e passaram a priorizar o espetáculo e o divertimento, relegando ainda mais a importância da argumentação que havia marcado a imprensa de opinião. As técnicas de comunicação adotadas por empresas e governos ganharam complexidade para que suas imagens fossem melhor expostas.

Agora tais técnicas chegaram ao ápice. Vivemos um modelo que Bernard Miége – importante pesquisador da Universidade de Grenoble – chama de "relações públicas generalizadas". Lideradas por instituições sociais de todo tipo, a partir principalmente dos anos 70, elas seriam responsáveis por conseguir adesão a seus interesses. Mas não se trata apenas de discurso puro de reafirmação dessas instituições. Nesta era, as relações públicas estão voltadas também para ativar mudanças sociais e culturais.

Isso inclui integrar mais as pessoas em suas comunidades; buscar visibilidade para projetos de organizações e de cidadãos como todos nós; e, não sejamos ingênuos, estabelecer interesses privados também.

Embora as relações públicas atuem com uma diversidade enorme de meios e de públicos, é a abordagem direta com a imprensa que ainda ganha mais atenção das instituições que passaram a investir em comunicação. Isso ocorre basicamente porque se reconhece o poder de fogo da mídia – para o bem ou para o mal.

Creio que esse cenário não está totalmente consolidado no Brasil, mas se desenvolve em processo avançado. Basta observar a diversidade de instituições que têm buscado atuar com assessoria de imprensa. Num passado não muito distante, quase que apenas as grandes corporações (e especialmente as multinacionais, que já traziam essa bagagem de seus países) buscavam formar departamentos de comunicação ou contratar agências para um trabalho estratégico com a mídia. Tenho observado nos últimos anos como as pequenas empresas, entidades da sociedade civil e profissionais autônomos (como advogados, arquitetos e outros) estão se incorporando a esse contingente, num ritmo veloz.

# CAPÍTULO III

## Assessoria de imprensa ou relações públicas?

Proponho uma pequena revisão histórica sobre as atividades de relações públicas e de assessoria de imprensa. Não dá para conceber um profissional que queira se aventurar por qualquer campo imaginável e que não saiba quem antes pisou por ali. É preciso compreender a evolução dessa área para sabermos exatamente onde estamos agora e como se estabeleceram determinados conceitos com os quais você terá de trabalhar diariamente.

Há quem aponte grandes pensadores da Antiguidade, como Homero, Xenofonte e Sócrates, como os precursores das práticas afeitas às relações públicas. Existem ainda referências aos primeiros documentos que divulgaram decisões dos governantes, como a *Acta Diurna*, do Fórum Romano (século VII aC) ou as cartas circulares da dinastia Han, na China do século II aC.

No entanto, tanto a função de assessor de imprensa quanto a de relações públicas só passou a existir, de fato, na virada do século XIX para o século XX, no processo de consolidação do capitalismo.

Foi com a invenção da rotativa (1811) e do linotipo (1885) – portanto, 300 anos depois da criação da prensa de tipos móveis por Gutenberg – que a edição de panfletos, boletins e demais meios impressos tornou-se mais acessível a grupos maiores de leitores.

Ao mesmo tempo, o desenvolvimento industrial propiciou a formação das massas de trabalhadores e, com elas, das primeiras associações e sindicatos com ideias socialistas, comunistas ou anarquistas. No campo literário, o Realismo, encarregado de se opor ao Romantismo, trouxe à tona abusos políticos, econômicos e sociais do período, que foram parar nas páginas da imprensa pelas mãos do jornalismo de denúncia.

Em contraposição aos jornais tradicionais que não davam a eles voz suficiente, os trabalhadores passaram a criar suas próprias publicações. Acuados, os empregadores responderam criando jornais direcionados a seus funcionários, em uma tentativa de evitar que as ideias libertárias e revolucionárias cooptassem os operários.

Surgiram, assim, os primeiros *house organs* ou as "publicações da casa", as revistas, folhetos, *folders* e hoje jornais, murais e eletrônicos dedicados a promover a comunicação direta entre a instituição e seus funcionários.

O presidente norte-americano Andrew Jackson foi o precursor dos *house organs* na área governamental ao lançar, em 1829, o *The Globe*. Na iniciativa privada, um dos primeiros jornais de empresa voltados para o público interno foi o *The Triphammer*, da Massey Harris Cox, também nos Estados Unidos, em 1885.

O alcance e o retorno proporcionados pela exposição pública levaram pioneiros como Phineas T. Barnum, do Circo Barnum, a produzir folhetos, panfletos e brochuras como forma de divulgação, além de comprar espaços nos jornais para divulgar seus espetáculos.

## "O PÚBLICO QUE SE DANE"

Mas é claro que a maior circulação de informações despertava resistências de determinados agentes econômicos, indispostos a dar satisfações de suas condutas. Foi nessas circunstâncias que, em 1882, William Henry Vanderbilt proferiu a frase *"the public be damed"* (o público que se dane), quando criticado e cobrado por causa da péssima qualidade dos serviços que suas ferrovias prestavam nos Estados Unidos.

A frase entrou para a história como péssimo exemplo de como as empresas lidavam com os interesses públicos e com seus usuários ou consumidores. Ao mesmo tempo, esse cenário demonstrava o campo propício para que as organizações passassem a demandar serviços profissionais em busca de melhor exposição.

Com o avanço da imprensa sindical e da exigência por transparência nas atividades relacionadas ao bem comum e ao bem-estar da população, a comunicação empresarial surge como uma tentativa de dar uma resposta, uma satisfação a essas cobranças.

Era uma excelente oportunidade de negócio para os profissionais devidamente "antenados", e foi isso o que fez o norte-americano Ivy Lee.

Ex-jornalista de economia dos jornais *The New York Times, New York Journal* e *New York World*, ele passou a oferecer ao mercado serviços inéditos: informações empresariais que as próprias empresas autorizavam ser apuradas e divulgadas, com o objetivo de atingir a opinião pública.

Em 1906, Lee foi contratado por uma indústria de carvão mineral e assim pôde aprimorar na prática seus conceitos sobre imagem institucional (relações públicas) e divulgação (assessoria de imprensa). Ele viabilizou a aceitação pública de seus assessorados por intermédio do trabalho de relacionamento com a mídia.

As informações repassadas por Lee chegavam ao jornalista com o mesmo interesse pela apuração, rigor do texto e credibilidade da notícia. Por isso, em muitas ocasiões, tornaram-se alvo de interesse dos jornais, que passaram a utilizá-las para elaborar matérias.

Para melhorar a imagem pública de seus assessorados, Lee defendia, diante dos veículos de comunicação, alguns preceitos como informação gratuita, exata, de interesse público e de uso facultativo pela imprensa.

## O PESO DA GUERRA

O que até então se conhecia por relações públicas (e o trabalho de divulgação, que hoje corresponderia ao conceito-padrão de assessoria de imprensa) foi muito utilizado durante a Primeira Guerra Mundial (1914-1918) para fomentar o patriotismo e arrecadar dinheiro para a assistência social.

Os presidentes norte-americanos Theodore Roosevelt e Woodrow Wilson recorreram com ênfase a entrevistas coletivas e à distribuição de *press releases*.

Após a crise de 1929, quando a quebra da Bolsa de Valores de Nova Iorque repercutiu negativamente pelo mundo, a prática ganhou novo impulso, já que a opinião pública exigia respostas mais aprimoradas de governantes e de empresários, enquanto estes perceberam a necessidade de se posicionarem em relação às perdas sofridas e às perspectivas de recuperação.

Estima-se que, no início da década de 1930, somente o jornal *The New York Times* tinha 60% das suas matérias a partir de pautas intermediadas pelos assessores de imprensa, segundo o então editor das revistas *Fortune* e *Life*, John Jessup, numa entrevista em 1977. Data desse período o interesse das universidades por estudar essa prática.

Na Segunda Guerra Mundial, as atividades de assessoria de imprensa voltaram a ser muito utilizadas, acomodadas aos interesses autoritários das propagandas fascista e nazista.

A pesquisadora norte-americana Monique Augras conta que, nos Estados Unidos, em 1936, seis em cada grupo de 300 empresas tinham serviços de relações públicas e assessoria de imprensa. Em 1961, essa relação passou para 250 em cada 300 e, a partir dos anos 70, alcançou patamar próximo dos 100%.

## A EXPERIÊNCIA BRASILEIRA

Os primeiros registros do uso da prática de assessoria de imprensa e relações públicas no Brasil remontam ao início do século XX, por iniciativa do Ministério da Agricultura, Indústria e Comércio, durante a gestão do presidente Nilo Peçanha (1909-1910). Ele lançou o serviço informativo *Secção de Publicações e Bibliotheca*.

Em 1914, a empresa Light (The São Paulo Trainway Light and Power) criou uma área interna de relações públicas. Nove anos depois, fundou o *Boletim Light*, considerado o primeiro *house organ* no Brasil.

O anarquismo, italiano e espanhol, que desembarcou em São Paulo junto com os primeiros imigrantes, fez o contraponto às iniciativas empresariais com a distribuição de panfletos nas portas de fábricas e a edição de jornais operários. O fato estimulou o desenvolvimento de outros veículos por parte da indústria, como fez a GM do Brasil, que lançou a revista *General Motors*, em 1926.

## A MÁCULA DAS DITADURAS

Com a Revolução de 1930 e a chegada de Getúlio Vargas ao poder, logo o Brasil assistiria ao maior esforço até então realizado para unir práticas de relações públicas e de assessoria de imprensa com o objetivo de erguer a imagem pública de um governante. *A Voz do Brasil*, que conhecemos até hoje, por exemplo, foi criada nessa ocasião, mais especificamente em 1934, para reforçar a estratégia personalista de poder.

O golpe de Getúlio Vargas, em 1937, e a instituição do Estado Novo fizeram com que essas práticas fossem intensificadas, coincidindo com a criação do Departamento de Imprensa e Propaganda (DIP), em que as funções de divulgação e de censura se fundiram – com mais ênfase na segunda.

Àquela época, o culto ao chefe de Estado seguia o modelo do aparato de comunicação nazista criado na Alemanha por Joseph Göebbels, no intuito de mobilizar multidões.

Em 1945, com o fim do Estado Novo, o DIP foi extinto. Até o golpe militar de 1964, a prática de relações públicas seria tema de estudos e encontros, inclusive nas universidades. Ainda integrada aos cursos de Administração, tornou-se matéria específica em 1969.

O período da ditadura militar no Brasil, em especial o governo de Emílio Garrastazu Médici (1969-1975), contou com as ações da Aerp (Assessoria Especial de Relações Públicas), criada por decreto, chefiada por um coronel e com a função básica de propagandear o regime autoritário. Para tanto, fez uso ostensivo de assessores de imprensa para impor às redações *press releases* oficiais.

O governo Médici foi emblemático nesse tipo de prática. A Aerp ganhou poder de "superministério", centralizando as ações de manipulação da informação como estratégia de poder (leia-se também censura). Muitos jornalistas passaram a ocupar ao mesmo tempo cargos nas redações e nas assessorias públicas, com a tarefa de publicar nos respectivos noticiários os *press releases* elaborados pelo governo.

A avalanche de textos que chegavam às redações, a grande maioria mal redigidos, cheios de adjetivos elogiosos aos governantes e sem conter notícias de interesse público, contribuiu para que muitos jornalistas tratassem os assessores de imprensa com preconceito ou indiferença.

Os assessores formavam um grupo que se beneficiava dos altos salários e de mordomias, trabalhando para dificultar a obtenção de informações diferentes das que o próprio governo pretendia divulgar.

Para a profissão, esse tipo de prática contaminou por certo período o próprio ambiente empresarial, que desconhecia até então outros paradigmas. A forma corrompida de se fazer assessoria de imprensa tornou-se o único modelo vigente à época. E ele se perpetuou com outras agências governamentais, criadas após a Aerp e com funções semelhantes.

Assim nasceu a dicotomia que opôs os que se atribuíam a missão de "trabalhar a serviço do leitor" (jornalistas de redação) e os que queriam "manter os privilégios de parcelas da sociedade" (jornalistas assessores de imprensa) – embora na ditadura houvesse muitos casos em que o mesmo profissional se prestava às duas funções.

## SURGE A ABERJE

É evidente que a fundação da Aberje (Associação Brasileira de Comunicação Empresarial), em 1967, contribuiu de maneira decisiva para a profissionalização da comunicação no país. A entidade, fundada por Nilo Luchetti, à época editor da revista *Notícias Pirelli*, surgiu com o nome de Aberj (Associação Brasileira de Jornais e Revistas Empresariais). A partir de meados da década de 1980, sua atuação voltou-se para a necessidade de consolidar a área e profissionalizar o setor, com foco em comunicação empresarial, de maneira mais ampla. Em 1989, alterou seus estatutos e passou a adotar a nova denominação.

Nos últimos anos, sob o comando executivo de Paulo Nassar, a Aberje imprimiu de vez a profissionalização do setor. Passou também, por meio de sua revista, a promover debates sobre o estudo de relações públicas no Brasil e no exterior. Os prêmios concedidos anualmente pela Aberje para ações de comunicação, em categorias diversas, tornaram-se referência para agências e profissionais do ramo.

Mais recentemente, em 2002, foi criada a Abracom (Associação Brasileira das Agências de Comunicação), que se propõe a organizar e defender os interesses das empresas do segmento.

## O DESPERTAR DAS EMPRESAS

Do lado da iniciativa privada, a Volkswagen foi pioneira no Brasil ao convidar jornalistas para montar e coordenar o seu Departamento de Imprensa. Isso foi em 1961 e nascia ali a assessoria Unipress, que começou priorizando informações econômicas e prestação de serviços (dados sobre estradas, dicas de trânsito, etc.), como estratégia para familiarizar os leitores com o tema e assim criar demanda por esse tipo de informação.

A estratégia deu certo. Primeiro porque a indústria automobilística logo daria saltos produtivos nunca vistos até então. E segundo porque não havia outra alternativa senão explorar temas como esses, já que a censura atingia em cheio o noticiário.

Pouco tempo depois surgiu outra assessoria, a Mecânica de Comunicação, também ligada à indústria automobilística.

As empresas estavam despertando para o fato de que falar e se fazer ouvir, "se noticiar", eram maneiras de marcar presença na sociedade, de atrair para si a atenção da opinião pública. Por essa razão o setor privado passou a contratar assessorias de imprensa.

Ao longo da década de 1980, a velha prática de despejar *press releases* sobre as redações voltou à tona, partindo desta vez das empresas privadas, dentro de um modelo esgotado. Embora a vanguarda em termos de assessoria fosse pensar e agir mais como jornalista do que como relações públicas, dentro das assessorias ainda era muito forte o modelo predominante das relações públicas – voltado para a administração de relacionamentos e não para a informação jornalística.

Essa situação motivou a Fenaj (Federação Nacional dos Jornalistas) a publicar, em 1986, o *Manual de Assessoria de Imprensa*. Foi uma grande conquista para a época porque sistematizou as atribuições do assessor de imprensa e estabeleceu a qualificação e os procedimentos necessários para o exercício da profissão.

## O IMPULSO DA PRIVATIZAÇÃO

A redemocratização do Brasil e as eleições diretas para presidente da República, em 1989, marcaram o início de um novo capítulo na história das assessorias de imprensa.

Até 1990, a chamada reserva de mercado impedia que concorrentes internacionais disputassem espaço e clientes com a indústria nacional, já que as importações eram inviabilizadas por excesso de taxas. A abertura de fronteiras comerciais, na primeira metade da década, provocou aumento na demanda pelos serviços de relações públicas, tanto das empresas multinacionais, que passaram a atuar ou que intensificaram sua atuação no Brasil, como por parte das empresas brasileiras, às voltas com a necessidade de readaptar as áreas de comunicação. Todos queriam assegurar o próprio espaço no cenário político, social e econômico.

Em 1996 deu-se o segundo ciclo de expansão no mercado de comunicação corporativa, dentro de uma mesma década, ocasionado pelas privatizações. Tais negócios movimentaram todo o país ao representar um profundo processo de mudança na forma de produção, no relacionamento das empresas com os funcionários e com o público externo – dirigido pela área institucional e pelos órgãos de representação da sociedade civil organizada.

Ao mudarem de controle acionário (do governo para a iniciativa privada), as ex-estatais passaram a ser duplamente cobradas e fiscalizadas pela sociedade. Afinal de contas, bens nacionais ou estaduais passavam para as mãos de empresas particulares (muitas estrangeiras) que, pela própria natureza do negócio, deveriam prestar serviços públicos.

A expectativa da população de que os problemas de qualidade e de oferta dos serviços seriam solucionados frustrou-se em curto prazo. O caso mais emblemático foi o da Telefonica, em São Paulo, cujos atrasos nas entregas de linhas provocaram grande indignação no estado e no governo federal, obrigando a operadora a adotar soluções de emergência e a rever toda a estratégia de comunicação com o consumidor e com os formadores de opinião. Somente assim a empresa conseguiu condições para concluir as obras de emergência, realizadas em 1999 e em 2000.

Além da intensificação de políticas de relacionamentos e da mudança de cultura na gestão do bem público, as privatizações aceleraram as trocas de informações e proporcionaram um salto tecnológico e uma concorrência sem precedentes em setores importantes da economia, contribuindo para movimentar ainda mais o mercado publicitário e de relações públicas.

## A VEZ DO CONSUMIDOR

A publicação da Lei de Defesa do Consumidor, em 1989, simbolizou a conquista da democracia efetiva por uma gama de setores da sociedade brasileira, que passou a contar com canais de reivindicação e de controle mais estruturados em relação à atuação da iniciativa privada.

O consumidor deixou de lado a atitude de reclamar e passou a procurar mais a imprensa, os órgãos de defesa e o Poder Judiciário para manifestar indignação e solicitar providências.

Era necessário dar à sociedade as satisfações exigidas e, ainda, aumentar a visibilidade positiva dos agentes econômicos por intermédio de projetos de responsabilidade social, o que fez com que se ampliassem os investimentos em patrocínios diversos, relações públicas e assessoria de imprensa.

A comunicação se fortaleceu e tornou-se estratégica dentro das organizações. Ao não ser mais tolerada pela imprensa e pela opinião pública, a frase "não tenho nada a declarar" passou a influir negativamente nos negócios da corporação. Tornou-se necessário intensificar o fluxo de informações entre os meios de comunicação e a sociedade, facilitando o acesso dos jornalistas aos clientes e auxiliando os mesmos a ter um canal de comunicação aberto com a imprensa.

A partir do momento em que os assessores se mostraram cada vez mais "afinados" com o conceito de notícia e com a crescente migração dos jornalistas da grande imprensa para as agências de comunicação, o relacionamento de conflito e preconceito entre ambos, embora persista até hoje, foi bastante amenizado.

Até a década de 1990, grande parte dos assessores de imprensa era formada por relações públicas, com uma cultura voltada mais para a administração de relacionamentos do que de informações. Com esse perfil, acabavam por não se ater ao conceito de notícia na hora de intermediar o "diálogo" com seus assessorados, contribuindo assim para aquilo que os jornalistas chamavam de "despreparo" para lidar com a imprensa.

## ENTRE NOMES E EGOS

Existe uma polêmica sobre os limites da atuação do assessor de imprensa e o de profissionais da área de relações públicas, somada a certa animosidade entre os órgãos de classe que representam uma ou outra profissão. Cada um defende que a atividade é seu território reservado.

Se você deixar de lado as questões corporativas, de interesse de grupos específicos, verá que ambas as práticas são complementares e indispensáveis. Hoje não se concebe a existência de um bom assessor de imprensa que possa prescindir de uma gama de instrumentos da área de comunicação, todos abrigados sob o conceito do que se poderia chamar relações públicas.

As práticas de relações públicas estabelecem canais diretos de comunicação com todos os setores da sociedade. Pressupõem o estabelecimento de canais indiretos, por intermédio da imprensa, com esses mesmos setores e com a opinião pública de uma maneira geral.

Todas as vezes em que uma reportagem é veiculada na mídia, a informação atinge os mesmos públicos-alvo das relações públicas, de uma forma mais generalizada e com o respaldo da credibilidade que o tratamento jornalístico confere a ela. Reconheço as controvérsias referentes a esse tema, mas sou partidária da ideia de que administrar os procedimentos relativos à imprensa corresponde à atuação específica do jornalista na função de assessor.

Até meados da década de 1980, uma interpretação ainda incipiente do conceito de relações públicas no Brasil limitou a função, identificando-a mais com a área de eventos e relacionamentos estanques, desvinculada da importância estratégica para o negócio das organizações. Roberto Porto Simões, importante estudioso brasileiro desse campo, critica o erro cometido principalmente pelas faculdades de comunicação ao vincular a atividade de relações públicas com a produção de meios de comunicação dirigidos (de cartões a jornais internos nas organizações).

Essa é uma visão que pode prevalecer ainda no universo de muitas instituições públicas e privadas no Brasil. Mas insistir nisso significa ignorar a função política das relações públicas. É perder o bonde da história e não reconhecer como o peso dos relacionamentos bem construídos pode valorizar a organização. O ofício das relações públicas abrange buscar a compreensão mútua entre a instituição e seus públicos, conciliar interesses, estabelecer a integração e o diálogo. Dentro desse escopo, estão embutidas as atividades de assessoria de imprensa, que se dirigem especificamente à interlocução com a mídia noticiosa, mediadora, por sua vez, do relacionamento entre a organização e seus públicos mais amplos. Essa visão abrangente prevalece nos Estados Unidos e em países europeus. No Brasil, as coisas já evoluiram, especialmente porque muitas multinacionais instaladas por aqui referem-se à área de comunicação de suas empresas como "Relações Públicas" – não só para dizer que esse setor desenvolve práticas interligadas, essenciais para o negócio principal da empresa, como para se contrapor ao conceito tradicional brasileiro.

## UMA CONSTANTE REFORMULAÇÃO

Além da mudança que começa a se processar no interior das organizações privadas, as agências de relações públicas se modernizaram para atender à demanda na década de 1990. Extrapolaram atividades isoladas de assessoria de imprensa, de organização de eventos ou de produtos editoriais.

É interessante observar como a prática seguiu o caminho da teoria. Especialistas em estudos organizacionais vêm há muito defendendo o conceito de comunicação integrada. Neste estariam reunidas todas as áreas da comunicação mercadológica (*marketing* e propaganda, por exemplo), da comunicação interna e da comunicação institucional. É nesta última que entram as atividades específicas de relações públicas, de assessoria de imprensa, de responsabilidade social e de promoção cultural.

É claro que esse ciclo não se completou no Brasil. Por aqui, estamos falando ainda de uma interligação entre relações públicas e assessoria de imprensa. Mas isso ocorre em boa parte porque ainda existe uma grande confusão quanto aos termos empregados para os ramos da comunicação. Para alguns, o conjunto das três áreas (comunicação interna, institucional e mercadológica) dá origem ao conceito de comunicação organizacional. Para outros, a junção de tudo denomina-se relações públicas.

A maioria das novas e grandes agências de comunicação que atuam como assessoria de imprensa ainda não incorporou, a um escopo integrado de trabalho como a teoria propõe, a parte mercadológica dessa história. Mas isso talvez aconteça num futuro não muito distante.

As possibilidades de isso se tornar real no Brasil são evidentes porque muitas das atuais agências têm se associado a empresas multinacionais, que transitam em todas as áreas, ao mesmo tempo.

Já foram firmados acordos operacionais, por exemplo, entre a brasileira CDN (Companhia da Notícia) e a Fleishman-Hillard, e entre nossa conterrânea In Press e a norte-americana Porter Novelli. Tanto a Fleishman-Hillard como a Porter Novelli pertencem ao mesmo grupo, o norte-americano Omnicom, que tem ainda em nosso país um terceiro braço de relações públicas: a Ketchum, que firmou parceira com a agência Estratégia.

Apenas para que vislumbremos como todas essas associações deverão resultar numa atividade de comunicação muito mais complexa, saibam que o mesmo grupo Omnicom tem ainda importantes parceiros no mercado publicitário brasileiro, como as agências de propaganda DM9&DDB e Almap BBDO. As agências concorrem entre si, apesar de pertencerem ao mesmo conglomerado de comunicação. Isso é bastante comum nos Estados Unidos. No Brasil, essas parcerias passam no momento por um processo de alinhamento mundial.

Em busca de especialização na área de assessoria de imprensa, as agências brasileiras de comunicação, particularmente nos últimos dez anos, passaram a incorporar jornalistas recém-saídos das redações, que pensam no leitor como público-alvo e têm a notícia como matéria-prima. Paralelamente, assimilaram conhecimentos e profissionais de outras áreas, transformando-se em grandes agências de comunicação. E este é o termo que tem sido usado aqui como sinônimo para as agências de relações públicas estruturadas nos modelos norte-americano e europeu: simplesmente "agências de comunicação".

# CAPÍTULO IV

## Afinal, o que o mercado profissional quer de você?

Já que estamos no meio de uma guerra de nomenclatura (como abordamos no capítulo anterior), vamos pelo menos conhecer os conceitos que fatiaram a prática da comunicação organizacional. Eles não são feitos apenas de discórdias entre jornalistas e relações públicas. São sintomáticos de como a reorganização do setor está tornando mais complexa a atividade do assessor. Nela, não há espaço para improvisação. Em primeiro lugar, porque tal ofício não pode mais ser exercido de maneira isolada do conjunto de práticas de relacionamento com os vários públicos da organização. Em segundo, porque ainda que a assessoria de imprensa seja exercida por um jornalista, este profissional deverá desenvolver competências em outros terrenos.

É praticamente consensual a defesa de que o assessor de imprensa deva ser jornalista de formação. Se ele tiver passado por grandes redações, melhor ainda. O relacionamento com a mídia exige um conhecimento "de causa" que não pode se limitar à teoria. Ninguém aprende nos livros a reconhecer o que é uma notícia e o que fazer com ela para que se torne uma grande matéria, como bem alerta Ricardo Noblat, em seu *A arte de fazer um jornal diário* (editora Contexto). O repórter simplesmente reconhece a notícia, de primeira vista, quando vai "para a rua" (termo usado para a apuração de informações fora da redação). E o assessor precisa ter sentido essa experiência na pele para indicar ao repórter e ao editor que seu assessorado tem notícia para oferecer.

Mas se o profissional não tiver tido a oportunidade de passar por uma redação (por conta da crise de emprego na indústria da comunicação de massa), deverá ter perspicácia para entender como funciona o sistema de produção de notícias. Numa assessoria de imprensa, esse jornalista poderá iniciar seus contatos com as redações e desenvolver relacionamentos. O que não dá para aceitar é que um assessor de imprensa, na complexa sociedade da informação, não identifique as artimanhas do jornalismo e não proteja a imagem de seu assessorado. Assessor de imprensa tem que ter ginga para transitar com seus assessorados em diferentes mídias (revista, jornal, televisão, rádio ou Internet) e para usufruir a segmentação dos veículos.

E isso não significa, de forma alguma, que ele deverá atirar para todos os lados. Assessoria de imprensa é função estratégica para a organização. O profissional responsável pela área deve reconhecer a inserção ideal na imprensa (ou mesmo a ausência do assessorado dos veículos de mídia, em determinado momento) para os negócios e para a imagem de seu assessorado. É ele quem vai planejar como será feita essa exposição, sobre que assuntos ela será construída e quais jornalistas devem ser procurados.

Quando se trata de assessoria para órgãos de governo, por exemplo, busca-se a aprovação pública para ações adotadas ou para a criação de um ambiente político propício para a criação de leis e programas. Se levarmos em conta um trabalho para organizações não governamentais, ainda, a assessoria de imprensa deve atuar para disseminar informações de utilidade pública, para ajudar a entidade a receber recursos financeiros destinados a projetos, entre outros objetivos.

É por isso também que o assessor de imprensa não é o profissional que vai atuar na ponta desses processos e apenas levar a público assuntos que as demais áreas da organização já administraram. O assessor deve ter a confiança de todos os gestores e tomar decisões sobre os melhores passos a serem seguidos em nome da boa imagem da empresa. Se for devidamente capacitado para tanto, o assessor também precisa sugerir programas sociais capazes de conciliar os interesses da organização e de seus públicos, elevando mais uma vez a imagem desta na mídia.

Ele deve ser, enfim, um gestor por inteiro. E para gerenciar o bom relacionamento com a mídia, deve ocupar-se de um conjunto amplo de ações capazes de influenciar positivamente essa relação.

Poderá fazer isso sozinho, se trabalhar para uma organização de pequeno porte e se tiver formação multidisciplinar para tanto. Mas é mais provável que trabalhe em equipe, ao lado de profissionais que, por conta da bagagem acadêmica ou prática, terão o foco em outras ações que não o relacionamento com a imprensa. É o caso do relações públicas.

Parece-me que as discussões mais recentes sobre essa suposta divisão de papéis têm se concentrado agora em apontar quem deve ser o mandachuva da política de comunicação de uma organização. Quanto a isso, defendo que sejam derrubadas todas as cercas que separam os campos.

Um dos principais executivos de comunicação no Brasil, Agostinho Gaspar, é outro crítico da guerra de nomenclatura que se criou no mercado entre profissionais especializados em um outro ramo. Gaspar acompanhou muito de perto toda a evolução desse mercado, tendo trabalhado em redações, em empresas, e presidido a Ogilvy por três anos no Brasil (assistindo, assim, à entrada das agências estrangeiras de relações públicas no país), para fundar na década de 1990 sua própria empresa, G&A, uma das maiores atualmente. Na consolidação dessa área, Gaspar afirma com segurança que não importa a formação do profissional. "O que dá a diferença e o tom das agências e dos profissionais é o conhecimento da mecânica do cliente para sempre poder buscar soluções de comunicação integradas no espírito dos negócios", diz ele.

O gestor principal deve ser capaz de caminhar por todas as áreas e de promover, de fato, a integração. Se ele se graduou em Jornalismo ou em Relações Públicas, pouco importa. O essencial é que o indicado tenha as competências ideais para o tipo de comunicação que a empresa pretende desenvolver.

## EXIGÊNCIA DE UM PERITO

O mercado busca o profissional que denomino comunicador multidisciplinar. Este não é meramente um especialista em técnicas de apuração, redação e edição jornalísticas, porque se ficar resumido a isso provavelmente só encontrará espaço de trabalho nos veículos de comunicação.

O assessor de imprensa também não se resume à mera divulgação de informações sobre os assessorados. Isso certamente não será suficiente para ajudar pessoas e organizações a buscar uma imagem positiva e a crescer.

O comunicador a quem chamo de multidisciplinar também não se especializa em relacionamentos, como um cientista político, porque isso seria contemplar apenas parte das necessidades do assessorado. Da mesma forma, não age como um cientista social, capaz de desenvolver estudos sociológicos sobre seu assessorado e sobre suas relações.

O mercado quer um profissional de assessoria de comunicação capaz de entender profundamente a atuação do assessorado, em áreas distintas, ou seja, um verdadeiro perito. Se o assessorado for um executor de programas públicos em determinado setor, o assessor deve compreender os efeitos dessas políticas para a população e comparar o que está sendo feito em outros países, buscando uma visão global e especializada sobre o assunto.

Com esse conhecimento, saberá distinguir, com a devida segurança, como reagirão os diferentes públicos daquela organização frente a informações divulgadas. O assessor não deve ser passivo, mas antecipar cenários que possibilitem a elaboração de um planejamento estratégico de comunicação capaz de criar uma imagem positiva do assessorado. Deve pensar como um profissional de *marketing*, identificando as medidas adequadas, por exemplo, para divulgar produtos e serviços, satisfazendo o consumidor. Deve também pensar como determinados fatos de uma empresa de sociedade anônima (s.a.) podem ser comunicados aos analistas financeiros, conhecedor que é do comportamento do mercado de capitais. E assim por diante.

## IMAGEM BOA AJUDA A VENDER

O que interessa ao comunicador multidisciplinar é executar, em variadas frentes, a tarefa de ajustar a percepção da imagem do seu assessorado ao foco do negócio e/ou atuação.

Imagem boa ajuda a vender. Aliás, a organização que apresenta imagem positiva tanto na mídia como entre os públicos diretos dá indícios de possuir uma boa gestão. O bom assessor é aquele que sabe ajudar o gestor a sinalizar ao mercado a eficiência do próprio trabalho. Será, portanto, um parceiro dos dirigentes principais da instituição.

O posicionamento acertado da imagem de produtos e serviços colabora para que estes tenham maior aceitação entre os consumidores a que se destinam. Ao vender mais e mostrar resultados financeiros eficientes, a organização terá acionistas satisfeitos com a gestão. Novos investimentos serão feitos, levando ao crescimento da instituição. Não restam dúvidas de que esse crescimento deve ser ancorado em política estratégica de comunicação, liderada por profissionais capazes de planejar cada item e cada passo da exposição do assessorado.

## APRENDENDO A FAZER O DIFÍCIL

Apesar de a assessoria de imprensa poder ser incluída entre as práticas de relações públicas, ela tem um *status* diferenciado, já que sua atividade implica estabelecer canais indiretos (por intermédio da imprensa) de comunicação com todos os interlocutores com os quais se relacionam os assessorados.

Sempre que uma notícia é publicada ou veiculada, ela abrange uma ampla e diversificada quantidade de pessoas, que integram públicos visados pelos assessores de imprensa (jornalistas) ou relações públicas.

Cabe à assessoria de imprensa fazer o difícil, ou seja, conseguir com que a imprensa se manifeste de maneira espontânea, no espaço destinado ao conteúdo editorial (e não à publicidade), sobre assuntos de interesse público relacionados aos assessorados.

Já as outras ferramentas da área de relações públicas contam com verbas alocadas para aquele fim específico (patrocínios e publicações institucionais, eventos, comunicação interna, etc.) em apoio às atividades. Com elas, tem-se o controle sobre a mensagem final que chega ao público-alvo, ao contrário da mensagem trabalhada pela imprensa, que passa pelo crivo do veículo e do jornalista em questão.

A divulgação que tem como objetivo motivar a imprensa a pautar determinados assuntos demanda cada vez mais pessoas especializadas na rotina e nos processos de produção da notícia. Daí o fato de podermos dizer, sem dúvida, que assessor de imprensa é, sim, jornalista. Ele trabalha com a exatidão da notícia, com a informação de interesse público que não deve se opor ao interesse do assessorado.

A neutralidade? Respondo com outra pergunta: o jornalista em redação escreve contra o próprio jornal ou produz matérias que ferem os interesses dos donos do veículo para o qual trabalha? A resposta é: não. Sendo assim, não vejo diferença entre o exercício da atividade de assessor de imprensa e de jornalista de redação – pelo menos na discussão sobre defesa de interesses. Aliás, se há uma diferença nítida, posso dizer que os assessores são explícitos na defesa dos assessorados.

Para o assessor e para todas as pessoas que se relacionam ou que desejam se relacionar com a imprensa, o desafio consiste em responder a seis questões básicas:

- Como fazer para que um determinado assunto chegue ao conhecimento do jornalista (divulgação pró-ativa)?
- Como o assunto a ser divulgado deve ser trabalhado em seu conteúdo para que os veículos sintam-se motivados a transformá-lo em pauta, em assunto passível de se tornar matéria?
- Como proceder quando o interesse em noticiar algum fato relativo ao assessorado surge do próprio veículo (comportamento reativo)?
- Como proceder em situações de crise?
- Como fazer para que, independente da situação que motivou a crise, a matéria seja publicada com informações corretas?
- Por fim, o que fazer quando isso não acontece?

Não existe um manual com respostas prontas para essas perguntas. Quando se lida com informação espontânea, fora do controle da mídia paga, considerada objetiva e de interesse público, você fica sujeito a muitas variáveis.

Estas abrangem o posicionamento de um veículo específico no mercado, o perfil do jornalista, como está a situação do país no momento, o histórico de relacionamento entre o assessorado e o veículo atendido, a existência ou não de interesses comerciais e as percepções dos profissionais envolvidos.

É preciso se familiarizar com os públicos envolvidos (clientes e jornalistas), ter acesso à metodologia e aos instrumentos utilizados pelas agências de comunicação e desenvolver a própria percepção de como se colocar e se conduzir em um segmento marcado por egos e vaidades acentuados de todos os lados.

Quem já passou por uma redação, cursou ou está cursando uma boa faculdade de Jornalismo, sai na frente. Com foco multidisplinar, a formação do assessor de imprensa ficou a cargo dos cursos universitários em que, pressupõe-se, há a possibilidade de adquirir vivência em ambientes similares aos de uma redação, de compreender o perfil dos profissionais que serão interlocutores, de discernir o que é notícia e de dominar a técnica dos textos informativos.

A seguir, apresento o glossário com os termos mais utilizados no cotidiano da atividade de assessor de imprensa.

## GUIA DE CONCEITOS

É preciso se familiarizar com termos e conhecimentos de áreas afins que normalmente estão embaixo do "guarda-chuva" da área de relações públicas, dentro do modelo norte-americano que as novas agências de comunicação buscam. Exemplos: governança corporativa, *marketing* institucional, responsabilidade social, comunicação corporativa, *public affairs*, *professional marketing* e relações com investidores.

Embora essas práticas estejam interligadas, sendo difícil adotá-las isoladamente, o glossário delimitará melhor qual a especificidade de cada atividade. O objetivo é que você se familiarize com os termos correntes na profissão.

- **Relações públicas** (RP): estabelece canais diretos de comunicação com todos os tipos de público. É a área que cria, planeja e executa programas de integração interna e externa, em busca de "compreensão mútua entre uma organização pública ou privada e todos os grupos aos quais está ligada direta ou indiretamente", como conceitua a ABRP (Associação Brasileira de Relações Públicas). Ao estabelecer programas completos de comunicação, a área de relações públicas conta com a ajuda de profissionais especializados em segmentos específicos, como os seguintes.
- **Relações institucionais** ou *Public affairs:* encarrega-se das relações de uma organização com o governo e suas diferentes instituições. A atividade é confundida muitas vezes com *lobby*. Muito comum nos EUA, as relações institucionais ensaiam os primeiros passos no Brasil. Por aqui, o termo *lobby* tem um sentido pejorativo porque esse tipo de trabalho é confundido com corrupção e práticas escusas (como suborno) adotadas por organizações que buscam exercer influência entre governos. Profissionalizado, o *lobby* de que falamos aqui é a atividade por meio da qual as organizações buscam sim defender seus interesses, mas a partir da argumentação e de relacionamentos construídos sob os mandamentos da ética e da lei.

Vamos a um exemplo prático: uma empresa está muito preocupada com alguns pontos defendidos num projeto de lei que está prestes a ser aprovado pelo Congresso Nacional. Num dado momento, a empresa percebe que os deputados envolvidos no debate têm pouca familiaridade com o tema ou não estão avaliando os impactos da futura lei para aquele setor e para a economia do Brasil. Na tentativa de apresentar os diferentes lados da questão e de chamar a atenção dos parlamentares para que se opte por um projeto melhor, a empresa promove ações para o esclarecimento. Estas incluem, por exemplo, reuniões com especialistas e deputados para a apresentação de pesquisas; almoços nos quais esses dados podem ser debatidos de maneira mais informal e personalizada; redação de boletins com informações especializadas, dirigidos aos parlamentares; entre outras alternativas.

No Brasil ainda prevalece a ideia de que *lobby* é uma atividade de troca de favores. Se uma empresa que está interessada na aprovação de uma lei oferecer dinheiro ou vantagens aos deputados, isso é crime. O que os profissionais de relações institucionais fazem é respeitar rigorosamente a lei e trabalhar a informação, buscando uma solução favorável para uma empresa ou setor.

- **Comunicação corporativa**: também chamada de "comunicação empresarial", mantém o foco na corporação, estabelecendo fluxos de informação e diálogos sempre com a preocupação de destacar valores, marca, gestão, além da atuação dos próprios executivos da organização. Em alguns casos, é denominada também "comunicação institucional" porque trabalha a imagem da instituição inteiramente. O termo "corporativo" adquiriu maior impacto porque os profissionais e as agências do setor concentraram esforços nesse campo justamente nas empresas privadas.
- **Comunicação interna**: tem por objetivo unificar o discurso dentro de uma organização. Por isso é voltada exclusivamente para o público interno (funcionários, executivos e acionistas). Há muito deixou de ser vista como ações de redação e editoração de veículos, como os propalados jornais murais ou os boletins informativos impressos. Os gestores dessa área devem se ocupar em analisar fluxos internos de comunicação. Têm ainda a árdua – mas divertida, em muitos casos – tarefa de compreender e gerenciar redes formais e informais de comunicação, o que inclui a famosa "radiopeão" (que circula as informações extraoficiais dos funcionários de chão de fábrica até os

gerentes, e pode ser aproveitada para dar mais flexibilidade às relações sociais na organização).

O comunicador interno precisa detectar e corrigir as barreiras existentes para o bom entendimento entre empregadores e funcionários, conciliando interesses de ambos os lados. Possui a função de estabelecer uma sinergia com a área de recursos humanos, usando a comunicação para valorizar o indivíduo. O grande desafio desse campo talvez seja romper com a ideia de que os trabalhadores devem ser meramente informados por meio da comunicação interna, o que me parece autoritário demais. Essa atividade está voltada para promover o diálogo aberto entre o público interno e não para transmitir dados. Esse trabalho não deve ser confundido com o conceito de *endomarketing*, que tem como objetivo tratar os funcionários como "clientes internos" para que sejam convencidos da imagem positiva e dos valores de produtos e serviços ofertados pela organização no mercado.

- ***Professional marketing***: comunicação direta dirigida a profissionais de determinado setor, com intenções mercadológicas. Os especialistas nesse campo lançam mão de atividades que falam de produtos e serviços às categorias profissionais que não apenas os usarão diretamente, mas que poderão indicá-los a outras pessoas. Para falar de xampu, por exemplo, adota-se uma estratégia de relacionamento com os cabeleireiros. Para apresentar novos produtos alimentícios, os *chefs* de cozinha são interlocutores interessantes.
- ***Marketing* institucional**: planeja e desenvolve ações que expressam os valores da corporação, com a preocupação de que essas mensagens sejam percebidas pela sociedade não somente por meio da publicidade ou da imprensa, mas por intermédio de patrocínios à cultura e ao esporte, de programas ambientais, entre outras iniciativas.
- **Responsabilidade social**: planeja e desenvolve ações que revelam o compromisso social da organização com a comunidade em que está inserida. Tais ações podem ter a marca da instituição por terem sido criadas e mantidas por ela, como podem se dirigir a outras organizações, como ONGs, associações de bairro, escolas, governos, etc.
- **Relações com investidores** ou ***Investor relation*** (IR): comunicação realizada pelas empresas de capital aberto, listadas nas bolsas de valores, aos analistas do mercado financeiro e investidores. Essas ações

são cada vez mais aprimoradas para que o mercado tenha a percepção correta de como os negócios da organização estão sendo dirigidos e para demonstrar o potencial de crescimento da empresa. Esse tipo de trabalho é não só uma exigência legal – no Brasil, fiscalizada diretamente pela Comissão de Valores Mobiliários (CVM) –, mas uma forma de agregar valor às ações da empresa que são negociadas em bolsa. Além de se comunicar com os analistas do mercado (que trabalham em bancos, consultorias financeiras e corretoras de valores), o profissional dessa área deve desenvolver mecanismos para falar com os investidores diretamente – que são os que compram papéis da empresa e precisam ter confiança no que estão fazendo.

- **Governança corporativa**: é o conjunto das melhores práticas de gestão que evidenciam o compromisso da empresa com a comunidade e o país onde atua. O conceito é geral, mas é isso mesmo. A empresa age, de fato, para valorizar a condução dos negócios de maneira correta, ética e responsável. Adota relacionamentos transparentes com investidores, fornecedores, funcionários e governos. Cumpre com suas obrigações ambientais – e, de preferência, faz um pouco mais do que a lei determina. Tudo isso contribuirá para que o mercado tenha mais confiança nessa empresa, agregando valor a ela. A imagem corporativa é beneficiada perante a imprensa e outros públicos que não são necessariamente seus investidores.
- **Assessoria de imprensa**: segundo a Fenaj (Federação Nacional dos Jornalistas), trata-se do "serviço de administração das informações jornalísticas e do seu fluxo, das fontes para os veículos de comunicação e vice-versa". Já abordamos de maneira mais complexa o ofício da assessoria de imprensa, mas eu gostaria de ressaltar que a maioria das definições prontas sobre ele ainda se limita ao lado operacional puro ou às ferramentas específicas. A experiência demonstra que essa profissão é muito mais estratégica, e abrange a construção de relacionamentos mais sólidos com jornalistas em redação. Inclui ainda o novo direcionamento de uma organização para que ela seja mais aberta e se comunique, de maneira responsável, com uma parte maior da sociedade – tendo a mídia como mediadora. O assessor de imprensa não só executa, mas planeja. Não só cumpre ordens, mas influencia nas decisões de uma organização. Define também a linha de discurso da instituição e de seus dirigentes.

# CAPÍTULO V

## Quem são clientes, chefes e empregadores

Você já deve ter ouvido falar sobre a crise da indústria de comunicação no Brasil. Um de seus reflexos é a existência de excelentes profissionais que acabaram migrando das redações para as assessorias de imprensa.

Enquanto a indústria de comunicação de massa se via às voltas com ajustes financeiros, as assessorias de imprensa avançaram e as organizações, de maneira geral, passaram a investir mais em comunicação. Um fato não está diretamente relacionado com o outro. Já falamos aqui sobre os períodos importantes para que a área tivesse grandes impulsos no Brasil na década de 1990.

Penso no difícil caminho que os novos jornalistas, recém-egressos da universidade, devem trilhar em busca de emprego. Primeiro, porque, diante dessa realidade, dão com as caras nas portas das redações e frustram expectativas sonhadas durante o curso de graduação. Segundo, porque nos outros setores, como o de assessoria, provavelmente disputarão espaço com jornalistas mais experientes, que já viveram o tal sonho de trabalhar numa redação.

Pensando nos dois casos – o dos jornalistas que já têm certa bagagem na profissão e os recém-formados – pretendo mapear um pouco o terreno da assessoria de imprensa. Tentarei indicar quem é quem nesse setor, que tipo de cliente os profissionais deverão enfrentar e onde podem estar os empregadores.

Existem basicamente apenas quatro tipos de clientes, um grande número de chefes e limitadas possibilidades de empregadores.
Os clientes podem ser divididos em:

- Os que têm alta visibilidade pública e que são chamados, frequentemente, a prestar contas de suas ações, independentemente de quererem ou não "aparecer". Entre eles estão os poderes constituídos (Executivo, Legislativo e Judiciário); as corporações que concentraram parcelas expressivas do mercado; instituições financeiras; empresas prestadoras de serviços públicos; empresas estatais e empresas privatizadas; personalidades em geral (políticos, jogadores de futebol, artistas de cinema, teatro, música, etc.).
- Os que querem divulgar o próprio trabalho e as contribuições dadas, porque consideram isso importante para a estratégia de seus negócios e/ou atuações. Embora muitas vezes não sejam demandados pela imprensa, muitos dos que se enquadram nesse perfil entendem que, se não se colocarem publicamente, deixarão espaço para que outros venham e o façam, não se diferenciando para os formadores de opinião e para o próprio público. Situam-se nesse grupo empresas de todos os portes – de pequenas franquias a grandes grupos econômicos – e de todos os setores.
- Os que querem se posicionar publicamente para defender causas e interesses de grupos específicos ou de toda a sociedade, como ONGs, associações, sindicatos, entidades representativas de classe e demais entidades da sociedade civil organizada.
- Os que gostariam que a própria empresa, instituição, família e amigos fossem totalmente esquecidos pela imprensa. São os chamados *low profile* (em inglês, baixa exposição) ou *no profile* (trocadilho feito pelas assessorias de imprensa, que chamam esse perfil de cliente de "nenhuma exposição").

## A EXPECTATIVA DO ASSESSORADO

Independentemente do perfil do assessorado, lembre-se de que todos, sem exceção, esperam que a percepção que a sociedade tenha sobre ele, por meio da imprensa, esteja ajustada à realidade dele. Isso torna-se mais importante se lembrarmos que os veículos de comunicação expressam – ou deveriam expressar – nada mais do que o entendimento da opinião pública quanto aos assuntos abordados.

Se entre os seus assessorados estiverem empresas líderes em seus segmentos, com os melhores produtos e serviços, saiba de antemão que elas vão considerar inaceitáveis matérias que atribuam essas qualificações aos concorrentes. Não tenha dúvidas de que, quase sempre, a cobrança deverá recair sobre você. Afinal de contas, como um concorrente conseguiu se posicionar tão bem? Como foi possível que a imprensa veiculasse informações sobre o concorrente, sem questionar a veracidade sobre supostas vantagens qualitativas?

Os assessorados da área pública, como o governo, em todas as instâncias (federal, estadual e municipal), sabem que é o caráter fiscalizador que pauta as matérias sobre o setor. Por intermédio da imprensa, os poderes constituídos prestam conta das ações à população e esse é o objetivo principal de uma assessoria de imprensa para esse segmento. Nada impede, no entanto, que essa mesma clientela tenha expectativa de ver reconhecidas as políticas públicas das respectivas áreas como se fossem um serviço tão "vendável" quanto um bem de consumo. Essa é a lógica, inclusive, da política-espetáculo que a sociedade da informação ajudou a formatar.

Essa realidade pode ser estendida a todos os assessorados, independentemente de ser uma grande corporação da indústria automobilística, uma instituição financeira, o dono de uma única loja de café, uma ONG de defesa do meio ambiente ou uma associação popular de mães. O que todos querem é que a percepção pública de suas atividades contadas pela imprensa corresponda ao que eles realmente são. E é para tanto que você deve trabalhar.

Isso não é nada simples. Se fosse, os clientes delegariam a qualquer um a função de atender à imprensa, de decidir como e quando divulgar um fato ou de estabelecer ou não relacionamentos periódicos com os jornalistas. Embora muitas vezes isso seja possível, o fato é que cada vez há mais empresas e instituições que profissionalizam essa função, entregando-a aos cuidados do assessor de imprensa, seja contratando-o diretamente, encomendando o trabalho a agências terceirizadas ou ainda combinando as duas possibilidades.

Afinal de contas, os assessorados não podem correr o risco de entregar nas mãos de um profissional incapacitado para isso a missão de posicionar sua "marca" perante a opinião pública – tenha ela um valor mercadológico, como um bem de consumo, ou simbólico, como a imagem positiva de um governo ou de uma ONG.

## JOGO DE INTERESSES

É claro que um órgão de governo, ao promover, por exemplo, a divulgação de uma campanha contra a dengue está interessado no bem comum, que é o esclarecimento da população sobre a doença. Mas, em maior ou menor escala, está em jogo também manter a imagem do gestor dessa área e do próprio governo, que serão avaliados mais cedo ou mais tarde pelo público. Não há nada de mal que um órgão de governo queira divulgar uma agenda positiva sobre suas ações que são, naturalmente, de interesse público.

Quando um banco realiza uma série de ações na área de responsabilidade social (recuperando símbolos importantes da história do país, patrocinando orquestras e peças de teatro, abrigando projetos de apoio à infância) marca, com isso, um importante posicionamento como empresa cidadã. Ao agir assim, ele também aumenta os indícios de que é uma empresa confiável, apta a vender "segurança", que é o principal "produto" de uma instituição financeira.

Com esse posicionamento, a instituição poderá comercializar, com maior margem de aceitação, seus produtos tradicionais, como a captação de contas correntes, cadernetas de poupança, investimentos em fundos de renda e outros.

Empresas posicionadas como socialmente responsáveis contam com a simpatia da opinião pública e estão menos vulneráveis a situações de crise. Têm uma imagem satisfatória perante os consumidores, o que contribui para que sejam alcançadas as metas de venda e de rentabilidade previstas nos planos de negócios (*business plans*).

Não há nada de errado nisso; muito pelo contrário. Ao cumprir metas, as empresas obtêm dos acionistas a permissão para continuar investindo, criando empregos e levando financiamento a projetos da área social, que muitas vezes ficariam abandonados se não fossem priorizados na estratégia de comunicação das grandes corporações.

## QUANDO IR À MÍDIA

Há uma série de motivos que levam organizações públicas e privadas ou mesmo personalidades a buscar espaço na mídia. Está mais clara, entre os assessorados, a ideia de que é preciso adotar um comportamento pró-ativo e ir à imprensa para divulgar ações positivas, resultados alcançados, novos produtos e programas lançados, entre outros assuntos. Está disseminada a percepção de que a boa imagem ajuda a vender, como já falamos anteriormente.

Mas também é comum que as organizações adotem práticas de comunicação mais ostensivas apenas quando a luz amarela acende. O sinal de alerta que leva a instituição a investir pode ser um balancete financeiro ruim, perda de participação no mercado, queda nos indicadores de aprovação do governo. Há uma série de razões que leva a organização a ver a atividade de assessoria de imprensa com outros olhos.

Podemos categorizar da seguinte forma as situações mais comuns para as quais as assessorias são solicitadas atualmente:

- Fortalecer a imagem e as ações de comunicação já desenvolvidas pelo assessorado, de modo a formar uma "massa crítica" favorável à imagem a partir de informações positivas divulgadas na mídia.
- Defender o assessorado de acusações infundadas ou de problemas que de fato existem, chegaram ao conhecimento público e precisam ser esclarecidos.
- Estabelecer condutas preventivas de modo a "blindar" possíveis abordagens negativas pela imprensa, em razão de problemas que estão prestes a ocorrer ou suscetíveis de virem a público, dada a natureza do negócio do assessorado. Essa ação pode ser precedida por uma consultoria de risco, um trabalho para diagnosticar as áreas que poderão comprometer a imagem do assessorado.

- Reposicionar a marca da organização ou a imagem da personalidade entre a opinião pública, mostrando exatamente o que ela é, o que pretende.
- Promover ações de apoio a divulgações específicas, como lançamento de produtos, de campanhas publicitárias, manifestações de ONGs, eventos em geral, inaugurações de fábrica, campanhas de conscientização, etc. Esse trabalho pode ser contratado por intermédio de *jobs*, ou seja, de atuações com curto prazo de duração, para uma finalidade específica.
- Estabelecer práticas com a imprensa que sustentem o posicionamento de *marketing* do cliente ou dos produtos no mercado.

## CHEFES

Em todas essas situações, você pode deparar com dois tipos de cenários:
- O assessorado já sabe o que quer, tem uma estratégia definida e contrata você ou a empresa para a qual você trabalha apenas para operacionalizar decisões.
- O cliente quer sua ajuda para elaborar a estratégia, fazer os ajustes pontuais e operacionalizar o plano.

Em qualquer uma dessas alternativas, você deve, antes de partir para a ação, observar a quem você ou a empresa de assessoria de imprensa se reportará. O chefe das ações de comunicação pode estar no chamado "primeiro escalão" (conselho de administração ou presidência, no caso de empresas; ministros, governadores, secretários ou prefeitos, no caso da área pública; principal dirigente, no caso de associações e entidades). Pode ainda ser ligado a uma diretoria específica (financeira, de *marketing*, de assuntos corporativos ou de recursos humanos) ou a uma área voltada diretamente para a comunicação, como diretores de relações públicas, de comunicação social ou gerentes de imprensa.

No caso de personalidades, políticos e profissionais liberais, essa relação entre assessor e chefe é estabelecida diretamente, uma vez que a condução do trabalho de imagem pessoal exige uma aceitação e um comprometimento diário do assessorado.

Você terá mais segurança para saber por onde começar seu trabalho depois de conhecer em que tipo de combinação seu assessorado se encaixa, a partir das possibilidades apresentadas anteriormente. Deverá saber, por exemplo, se o cliente está entre aqueles que querem reposicionar a imagem e já têm a estratégia elaborada, com a supervisão direta da presidência. Ou se ele busca apenas contratar *jobs*, por intermédio da diretoria de *marketing*, sem saber qual a melhor estratégia para o lançamento do produto em questão. Você pode ainda deparar com um ministério de governo que quer reforçar a percepção das ações por meio de um trabalho coordenado pelo chefe de gabinete do ministro.

Seja qual for a combinação, não perca de vista as particularidades de cada cliente, nem tente impor duramente o seu próprio regime de trabalho. Boa parte de seu sucesso dependerá de como você vai lidar com o chefe do trabalho do assessorado.

## ASCENDÊNCIA SOBRE O CLIENTE

Esse é um delicado assunto que requer muito tato, mas que, se não for abordado, poderá inviabilizar qualquer tentativa de relacionamento com a imprensa.

Parte dos assessorados em potencial e parte dos clientes julgam saber como a imprensa funciona e como devem se relacionar com ela. Mas, na realidade, não sabem.

Não tem nada demais não saberem (afinal, as próprias faculdades e cursos que preparam gestores desconsideram uma qualificação mínima para o relacionamento com a mídia e até hoje não incluíram a prática como matéria curricular.). O problema é acreditarem que sabem.

Como são executivos de muito sucesso ou personalidades reconhecidas, alguns chefes com os quais você vai lidar acham que já sabem o suficiente sobre a mídia e que, portanto, não há nada de novo que possam aprender. Caso haja, acreditam que não deva ser algo assim tão importante. E se for importante, creem que não será com um fornecedor de serviços que aprenderão. Assim, não dão o braço a torcer.

Apesar desse perfil de assessorado ainda assim contratar as agências de comunicação – reconhecendo a importância delas para a estratégia dos negócios –, na prática, o cliente muitas vezes muda por conta própria toda a estratégia de comunicação previamente acordada. E o faz simplesmente porque acha que tem uma ideia melhor para o que deveria ser executado. O pior é que isso geralmente acontece, para o desespero dos assessores, em cima da hora dos acontecimentos planejados.

Só é capacitado para a função de assessor quem, no decorrer do trabalho, consegue ter ascendência sobre o cliente e consegue convencê-lo de que o especialista em comunicação, ali, é ele, o jornalista. Trata-se de uma relação custo-benefício prejudicial para uma empresa que paga uma assessoria e, especialmente em momentos cruciais, faz apenas o que lhe dá na telha. Se assim for, não há razão para contratar o assessor de imprensa. A solução pode ser muito mais simples e menos onerosa para o cliente: basta que ele tome as decisões e peça que um funcionário as execute.

Mas quando há, de fato, uma relação de respeito mútuo, na qual o assessor alcança certa ascendência sobre o cliente, este passa a se abrir mais e a sentir que pode confiar nessa orientação profissional. Até isso acontecer, é necessário um período mínimo de convivência para que o assessorado também se habitue com os procedimentos da assessoria, enquanto o assessor aprende a lidar com o cliente.

Passada essa fase, se você não conseguir ter ascendência sobre o assessorado, o problema pode ser seu e não dele. Portanto, pare de ficar se lamentando e veja por que é que ele ainda não se sentiu seguro ao seu lado.

Se necessário, proponha a realização de *workshops* com temas relacionados à imprensa, às atividades de assessoria e relações públicas dentro da empresa e/ou com o cliente assessorado.

Certa vez um cliente me disse que não poderia atender à imprensa porque tinha que trabalhar naquele momento. Levei um susto e isso fez com que revíssemos todos os procedimentos que estávamos adotando com aquela empresa.

Se o cliente acha que atender à imprensa (elo do reconhecimento da sociedade pelo trabalho dele e da equipe) é não trabalhar, é desperdiçar tempo, então é porque não conta com uma assessoria que repassa as informações necessárias sobre o caráter da atividade.

Passamos a fazer sistematicamente cursos e *workshops* com o tema "o que é, como funciona e para que serve uma assessoria de imprensa" dentro da empresa, levamos profissionais de outras áreas da comunicação para dar palestras para os executivos e a situação foi revertida.

## EMPREGADORES

Esse trabalho encontra melhores condições de ser realizado de maneira planejada quando o empregador são grandes agências de comunicação, agências de relações públicas (lembre-se que em muitos casos elas se fundem) e assessorias de imprensa (empresas que se dedicam exclusivamente ao relacionamento com jornalistas de redações).

Elas investem de maneira permanente em novos produtos e serviços de comunicação para o assessorado, em soluções tecnológicas que inexistem mesmo dentro das próprias redações. O fato é que as agências tornaram-se cada vez mais sofisticadas e investem mais na formação profissional dos assessores do que o fazem as empresas de comunicação, proprietárias de veículos de massa.

Além disso, nas agências você vai conviver com outros jornalistas e profissionais de relações públicas, sentindo-se amparado e tendo ao seu redor apoio e estrutura maiores que poderão ser acionados em momentos que assim o exigirem. Isso nem sempre ocorre quando você atua na área própria de comunicação de uma empresa. Tanto é que, não raro, as organizações encomendam às agências cursos específicos sobre boas práticas de assessoria, direcionados aos funcionários. Contratam ainda serviços nos quais não investem internamente, como análises de noticiário. Nesse caminho, as agências aprendem a ocupar brechas e a representar uma expectativa profissional melhor para o jornalista.

Mas você também pode se empregar diretamente nas diretorias e gerências de comunicação ou assessorias de imprensa próprias de empresas da iniciativa privada, governos, políticos, personalidades, movimentos populares, sindicatos e ONGs, entidades representativas de classe e outras instituições da sociedade civil organizada (como os órgãos de defesa do consumidor). Se essa for sua escolha, precisará aprender a fazer a diferença na empresa do cliente. Trate de ocupar as brechas que ele deixa. Desenvolva soluções para as necessidades específicas de seus assessorados.

## *CAPÍTULO VI*

## Procedimentos de trabalho

Em qualquer lugar em que você trabalhe como assessor de imprensa e seja quem for seu chefe ou seu empregador, em algum momento você precisará demonstrar habilidade em lidar com procedimentos de trabalho que já foram padronizados entre as agências de comunicação no Brasil. Eles foram criados, em sua maioria, para que a informação entre a assessoria, o cliente e a imprensa seja transmitida adequadamente.

São esses procedimentos, junto com o corpo a corpo necessário ao trabalho de divulgação, que vão ajudá-lo a estabelecer relações com a imprensa de modo a possibilitar o cumprimento das metas estabelecidas no plano de comunicação, que é uma das primeiras ferramentas que você precisará aprender a usar.

Entre as ferramentas mais utilizadas pelo assessor de imprensa estão *press kit*, *follow up*, *mailing list*, *press release*, *clipping*, acompanhamento *on line*, *media training*, *workshops* e *websites*. Os termos em inglês já invadiram o vocabulário da atividade. Todos eles poderiam ser traduzidos para o português, mas os profissionais insistem em utilizá-los assim.

Fora esses termos, que designam algumas ações bastante conhecidas, há ainda outros conceitos relacionados a atividades complementares ao trabalho da assessoria de imprensa, como auditoria de imagem, mensuração de resultados e análise estratégica de mídia. Na maior parte dos casos, as agências de comunicação vendem esses serviços à parte e os batizam com outros nomes.

Esse vocabulário deve ser dominado por você. Antes, no entanto, de entrarmos no significado prático de cada um desses termos, é importante que você conheça um pouco da metodologia de trabalho que as agências de comunicação costumam adotar para cada cliente. Não a interprete como um manual a ser seguido à risca.

Quero expor a vocês como grande parte das agências tem trabalhado atualmente. Mas sobre essa metodologia você deve imprimir seu estilo pessoal. Isso muitas vezes faz a diferença da empresa e do profissional no mercado. Os conceitos tradicionais devem servir como referência. A partir deles é necessário se basear em uma maneira singular de como organizar as equipes e assimilar a cultura organizacional de seu assessorado.

Para começar, não pode faltar um plano de comunicação para o cliente. Sem isso, você correrá o risco de atuar de forma perdida, isolada e ineficaz diante dos objetivos do assessorado. A elaboração de um plano pode seguir um roteiro das seguintes tarefas:

- **Diagnóstico preliminar sobre quem é o assessorado.** Ninguém pode começar um trabalho de comunicação sem saber exatamente as características da atividade da organização, os principais concorrentes, como ela tem se posicionado na imprensa até o momento e uma série de outras questões que deverão dar o embasamento necessário para planejar a exposição do assessorado. Na hora do diagnóstico, a equipe precisa buscar informações completas sobre o assessorado, demonstrando a ele a necessidade dessa apuração e a confiança de que ela serve apenas para que o planejamento seja melhor executado e não para ser divulgada – à exceção, claro, de dados que devem ser tornados públicos, sempre com a aprovação do cliente.

  Nesse processo, não espere encontrar todas as portas abertas. Na assessoria, você também age como repórter: entrevista pessoas, colhe dados, pesquisa informações sobre o setor de atividade do cliente, investiga fraquezas e pontos fortes da organização.

  Os melhores trabalhos de diagnóstico são aqueles que ganham efeito prolongado. Geralmente, o texto que expõe todas as primeiras informações obtidas se transforma mais tarde num banco de dados que estará à mão da assessoria e de toda a organização, como instrumento de pesquisa. Em dias de sufoco e de grande demanda de informações pela imprensa, a assessoria certamente

deverá recorrer a esse banco de dados para ganhar agilidade nas respostas aos jornalistas, sem que, para isso, precise recorrer novamente a cada fonte dentro da organização.
• **Primeira reunião com cliente, para ouvi-lo e apresentar a equipe de assessores.** É quando você começa a exercer seu jogo de cintura e sua habilidade de relacionamentos. Seja político. Comece a treinar ascendência sobre o cliente (sobre a qual falamos no capítulo anterior). Ele tem que confiar em você desde o primeiro contato. Caso contrário, poderá sentir insegurança quando você for ao chefe para pedir informações consideradas tabus dentro da organização. E você poderá encontrar resistências internas para a aplicação das estratégias definidas.
• **Diagnóstico da imagem do cliente na imprensa.** Agora é a vez de aprimorar um pouco mais o diagnóstico inicial. Nessa fase, a pesquisa sobre como o assessorado está exposto na mídia deve abranger a imagem dele ao longo do tempo e indicar que influências ela sofreu no período. Isso pode ser feito por meio de uma auditoria de imagem específica, que tenha bases estatísticas mais sólidas. Esse levantamento precisa estar diretamente relacionado às informações que o cliente passou a você na primeira reunião. Assim você poderá se informar melhor como os objetivos pretendidos pelo assessorado poderão ser atingidos, conforme uma avaliação mais rigorosa da receptividade da mídia aos assuntos-chave da organização.
Uma vez concluída, essa pesquisa será apresentada ao assessorado. O rigor dos resultados fortalecerá ainda mais a confiança da organização no trabalho da equipe de assessoria, que provou, assim, não estar partindo rumo ao desconhecido.
• **Segunda reunião com o cliente, para sugerir possíveis estratégias.** É hora de você mostrar a que veio. É hora também de eu te dizer que não existe um receituário de estratégias a seguir. Em assessoria de imprensa, muitas vezes você se encontrará numa situação em que terá de definir rapidamente qual caminho escolher. Não sobrará tempo para pesquisar como os concorrentes estão se posicionando na mídia, por exemplo, para identificar como o seu assessorado deverá aparecer. Mas quando houver essa oportunidade – e sempre haverá tempo para pesquisar o mínimo possível, se você souber trabalhar sob pressão e já estiver habituado com o as-

sunto em questão –, tente justificar ao assessorado todos os passos sugeridos no campo da comunicação. Se conseguir convencê-lo, ganhará mais um ponto no jogo da conquista da credibilidade. Para tanto, você deve apresentar o que planeja para a imagem do assessorado – tanto em termos gerais quanto em situações específicas, se ele estiver passando por um momento muito particular, como uma crise. Precisa indicar ainda os assuntos sobre os quais o assessorado pode sustentar a exposição (como responsabilidade social, crescimento, novos produtos, programas públicos a serem lançados, entre outros, dependendo da natureza da atividade). O ideal é que essa imagem seja trabalhada de maneira plena, não se limitando a um tema específico. A pergunta é: como a organização pretende ser reconhecida? Muito provavelmente, esse reconhecimento não se sustenta com fatores isolados. Portanto, o planejamento deve indicar os objetivos a serem alcançados.

Além disso, cite também as táticas a serem utilizadas e as diretrizes a serem perseguidas. As mensagens-chave da organização devem aparecer nesse item. Você deve saber, por exemplo, como ajudar o assessorado a se posicionar como importante criador de empregos, como eficiente gestor de políticas públicas (no caso de governos) ou como a organização não governamental mais especializada no ramo em que atua.

- **Reunião final para viabilizar o plano de ação.** Estabelecidas as diretrizes principais, você deve indicar os meios para alcançá-las. Isso inclui, por exemplo, os veículos de comunicação a serem procurados e os jornalistas a serem abordados. Ou seja, entramos nos termos práticos. Tudo isso deve ser executado num prazo predeterminado, conforme as prioridades da organização no momento. O plano de ação prevê ainda a distribuição de tarefas e os instrumentos utilizados. Nas agências de comunicação, essas ações seguem um cronograma rígido e são executadas sob a supervisão de um coordenador ou de um diretor de contas, que se reporta diariamente ao cliente.

## INSTRUMENTOS DO DIA A DIA

Apresento a vocês algumas descrições sobre os principais instrumentos de trabalho utilizados hoje em assessoria de imprensa. Cada um tem sua importância e sua função. Ainda que não exista modelo de estratégia a seguir, você terá mais habilidade em planejar a comunicação para seu assessorado se compreender com clareza a lógica existente por trás de cada uma dessas ferramentas.

## PRESS KIT

É uma pasta ou um arquivo eletrônico contendo os textos principais sobre o assessorado, o conjunto de informações básicas sobre sua *performance*, sua atividade, seu histórico, inserção no segmento, índices de desempenho (faturamento, locais em que atua, setores aos quais se dedica, etc.), ações de responsabilidade social e outros. São informações padronizadas para serem distribuídas à imprensa nas ocasiões de coletivas, entrevistas individuais e demais divulgações, como material de apoio.

Alguns veículos de comunicação publicam na íntegra os textos do *press kit* (ou *kit*, para a imprensa). Essa não é sua função. O objetivo da assessoria é apresentar informações objetivas sobre o assessorado. Elas podem ser utilizadas para complementar e para contextualizar os artigos produzidos pelos repórteres nas redações. Mas não têm o objetivo de publicação.

A importância do *press kit* reside no fato de ele já apresentar a ordem dos esclarecimentos que o assessorado pretende transmitir à imprensa. Quando é preparado para ser distribuído durante coletivas de imprensa, é um importante apoio para que as entrevistas fluam melhor. Dessa forma, os repórteres terão mais subsídios para conduzir as perguntas ao porta-voz da organização. Os dois lados saem ganhando: a imprensa, porque tem informações mais completas em mãos e pode investir em questões que julga prioritárias durante a entrevista; e a organização, porque tem mais chances de ter informações corretas veiculadas sobre si nos meios de comunicação.

## FOLLOW UP

É a ação que visa a obter retorno, por telefone, do envio de *press releases*, distribuição de material de apoio ou de convocação de coletivas à imprensa. Evite sempre pedir esse retorno nos horários de fechamento das edições, após as 17 horas, quando dificilmente o jornalista pode ouvi-lo.

Geralmente, os jornalistas nas redações odeiam atender telefonemas de assessores que perguntam se ele recebeu o material de divulgação. Ficam ainda mais irados se o assessor, em sua inexperiência, quer saber se o material será publicado. Ora, *releases* não são publicados – já ressaltamos isso. Além do que, qualquer decisão de publicação cabe ao editor responsável por seção. E sua decisão dependerá da relevância do tema, das fontes da organização disponíveis para dar entrevistas, da exclusividade da informação ofertada, dos espaços existentes para a veiculação. Depois disso, a decisão passa por uma hierarquia de poder de decisão dentro das redações, até que a palavra final seja dada.

Dessa forma, jamais peça a um repórter ou editor que garanta a veiculação de determinada notícia que você tenha passado. Será inútil – além de antipático – pedir essa garantia. Se você tiver uma informação exclusiva, tem o direito de saber se ela interessa ao jornalista, para que, então, você possa ou não repassá-la para outro veículo.

De resto, utilize-se do *follow up* como forma de se certificar se a mensagem enviada (por *e-mail*, correio ou em mãos) realmente chegou ao destinatário correto. Mas jamais para tentar uma inserção garantida das informações que você transmitiu a vários profissionais ao mesmo tempo. Alguns jornalistas costumam receber dezenas de textos das assessorias de imprensa todos os dias. Geralmente, não têm tempo para ler todos. Assim, não percebem a importância que o seu *release* possa ter. Portanto, é bom lembrá-lo. É para isso que serve o *follow up*.

## MAILING LIST

Trata-se de uma lista que contém a relação dos veículos e dos jornalistas contatados para divulgação, com dados básicos, como o nome completo, cargo, editoria, número de telefone e fax, *e-mail* e endereço.

O melhor *mailing* é aquele atualizado diariamente pelo assessor. Ele poderá, dessa forma, incluir na lista os nomes de jornalistas que têm publicado matérias sobre o assessorado ou sobre áreas de interesse. Para isso, basta acompanhar o conjunto de matérias veiculadas e registradas pelo *clipping* do cliente. Preste atenção nesses jornalistas, telefone para eles, se apresente, pergunte se querem ser informados periodicamente sobre as atividades de seu assessorado e em quais circunstâncias. A partir dessa consulta diária vá atualizando seu *mailing*. Se você atende a um cliente, por exemplo, do setor de telecomunicações, precisará compor um *mailing* com os nomes dos principais repórteres e editores que cobrem essa área. Para formar essas listas, às vezes o assessor tem de realizar o trabalho repetitivo de telefonar para as redações e buscar todos os dados daquele jornalista para futuros contatos. O *mailing* precisa incluir as revistas especializadas, os veículos de circulação nacional e regional, os comentaristas de rádio e TV e assim por diante.

As grandes agências de comunicação e relações públicas assinam *mailing lists* eletrônicos de empresas especializadas nessa atividade, como o Maxpress e o Comunique-se. Mas essas listagens devem servir apenas como referência.

## PRESS RELEASE

É o símbolo por excelência da assessoria de imprensa. Criado por Ivy Lee, o "pai" das relações públicas e da assessoria de imprensa, significa "informação liberada para a imprensa".

O primeiro parágrafo do *press release* deve concentrar as informações que você publicaria, caso estivesse no lugar do repórter ou editor. Pense em você do outro lado do balcão, com a missão de redigir ou veicular um texto. Pense no que é notícia, no que é novo, no que é de interesse de um maior número de leitores.

Depois de anunciado o tema principal, o *press release* deve trazer informações sobre a organização, entidade ou empresa que está por trás daquela veiculação específica, de modo a dar credibilidade e sustentação à divulgação.

Lembre-se: *press release* não é *folder* de propaganda. Os dados apresentados têm como único objetivo ajudar o jornalista a se pautar. Também não é notícia, porque serve para informar e não para ser publicado.

Uma boa dica é concentrar, logo no primeiro parágrafo, as informações que conduzem ao "quem", "o que", "onde", "quando", "como", "por que" e "para que", ou seja, as perguntas básicas que direcionam um texto informativo. Lembre-se que o critério do bom *release* é a novidade ou, mais precisamente, o "gancho" jornalístico. As informações devem ser apresentadas de forma clara, concisa e em ordem de importância – da maior para a menor.

Um bom *press release* deve apresentar os seguintes itens:

- Ser redigido como se fosse uma matéria jornalística, com o parágrafo inicial contendo as perguntas básicas (formando o famoso *lead*), título, subtítulo ou linha fina.
- Primar pela clareza, concisão e correção gramatical (erros de língua portuguesa são inconcebíveis!).
- Ser redigido com palavras simples, frases e parágrafos curtos.
- Conter no máximo duas páginas.
- Trazer com destaque datas e locais dos eventos divulgados.
- Ter os nomes de empresas, porta-vozes e locais escritos corretamente.
- Destacar contatos da assessoria de imprensa.
- Trazer o logotipo da assessoria e da organização.
- Ser datado.

O *release* deve ainda adequar-se à editoria e ao veículo-alvo da divulgação. Fica proibido "atirar para qualquer lado", mandando o texto para diferentes editorias dentro de um mesmo veículo, a não ser quando o assunto, de maneira comprovada, interessar a mais de um segmento.

Nessa hipótese, o *press release* deve ser "personalizado". Isso significa que o texto deve ser modificado de acordo com o interesse principal da editoria para quem você o envia.

Você pode também enviar o documento para os jornalistas apenas para que eles, como formadores de opinião, tomem conhecimento do assunto. Mas faça isso somente com quem você já tenha contato e, ainda assim, pergunte previamente a esses profissionais se eles gostariam de receber o texto nessas circunstâncias. Do contrário, serão dois trabalhos desnecessários: o seu, de apertar um botão para que o *e-mail* seja enviado, e o deles, de deletá-lo, sem sequer abrir para ver do que se trata.

O *release* é usado basicamente quando as assessorias precisam pulverizar informações a serem divulgadas para um número maior de veículos de comunicação. É o caso, por exemplo, da divulgação de balanços financeiros de empresas de capital aberto, do lançamento de programas públicos por determinado órgão de governo, da abertura de campanhas de arrecadação para ONGs, entre outras situações. Quando o objetivo é passar a um jornalista uma informação exclusiva, o ideal é encaminhar a ele um texto informal, contando do que se trata e argumentando a favor do interesse público da ação. A partir daí, o jornalista poderá avaliar como abordar o tema (se, de fato, achar que ele rende uma matéria). Nesse caso, valem muito mais as informações repassadas a ele, ainda que de maneira mais simples, do que a formatação em um texto pronto – caso do *press release*.

## MEDIA TRAINING

Trata-se de treinamento específico oferecido pelas assessorias aos clientes, a fim de prepará-los para atender à imprensa.

Durante um *media training*, os assessorados passam por aulas teóricas e práticas. Aprendem a lidar com microfones e câmeras, a identificar o que é notícia, a serem objetivos, claros e diretos. Enfim, aprendem a falar com o jornalista em linguagem jornalística.

Esses treinamentos podem ser pontuais, realizados pela própria assessoria, ou mais elaborados e completos, ministrados por profissionais especializados na função.

Aqui também vale pontuar certas controvérsias existentes sobre a validade do *media training*. Para o trabalho das assessorias, não há dúvida de que o treinamento bem dirigido de um porta-voz ajuda a organização a se posicionar com mais credibilidade perante a mídia. Mostra segurança nas informações transmitidas. Passa também a valorizar a importância da comunicação gestual e da entonação da voz – que, muitas vezes, dizem mais do que palavras.

Mas já cansei de ouvir as críticas de certos repórteres que argumentam ser o *media training* apenas mais um meio para ensinar o porta-voz a não dar ao jornalista a informação que realmente interessa veicular. Ora, arrancar informações preciosas – e sigilosas – das fontes é tarefa dos repórteres. E os bons não precisam de artimanhas, nem se apoiam nos passos em falso que um ou outro porta-voz dá durante uma entrevista. Os bons mesmo têm suas fontes e investigam a informação.

O *media training* ajuda o porta-voz a não cair nos artifícios que os repórteres usam para arrancar uma informação. Mas ajuda vários outros jornalistas a terem, durante as entrevistas, informações transmitidas com clareza e confiança. E é isso o que se busca numa fonte, não é mesmo?

## WORKSHOPS

Sugiro sempre a realização de seminários e palestras sobre temas diversos, com o objetivo de auxiliar o assessorado a conhecer mais detalhes dos assuntos relacionados à imprensa e de outros, necessários para aumentar o grau de conhecimento sobre os temas que interessam aos jornalistas.

Na maior parte das vezes, os clientes demandam cursos muito específicos, conforme o momento pelo qual estão passando. Em órgãos de governo, por exemplo, existe demanda para a abordagem das melhores práticas para a comunicação na área pública. Em algumas empresas, é grande o interesse por cursos sobre divulgações financeiras.

Especificidades à parte, é possível listar os programas considerados mais comuns. Eles abordam, por exemplo, a importância e a função de uma assessoria de imprensa; quem são e como estão estruturados os grandes grupos de comunicação no Brasil; a conjuntura econômica e política e a estrutura do sistema partidário brasileiro (nesse caso, para empresas multinacionais e executivos recém-chegados ao país); entre outros.

De acordo com a condução desses *workshops*, eles se tornam um canal importante para estreitar os relacionamentos entre a equipe da assessoria e os dirigentes da organização. Todos passam a ter conhecimentos mais afinados sobre o papel da comunicação e da imprensa. Tornam-se mais dispostos a integrar a estrutura de comunicação às instâncias de tomada de decisão.

## CLIPPING

Reúne matérias veiculadas, de interesse do assessorado. Ajuda a avaliar a exposição dos concorrentes e do setor de atuação, evidencia a imagem do cliente na mídia, com as devidas percepções de quando e por que ela se altera.

É praticamente generalizada a impressão de que o *clipping* é mera atividade de coleta de textos. Esse trabalho, no passado, era confundido com a automática operação de recorte e colagem de matérias. Hoje, ele é muito mais estratégico, se tiver um certo grau de sofisticação.

Grandes corporações brasileiras têm usado o *clipping* para monitorar a exposição, dentro e fora do país, de determinadas empresas que podem se tornar clientes, parceiras ou concorrentes. A partir de uma análise detalhada do posicionamento dessas empresas, é possível rever o plano de negócios e interpretar melhor as tendências do setor.

Mas isso só será possível se o *clipping*, como ferramenta técnica, também for bem estruturado. Para tanto, precisa ter abrangência nacional e internacional, além de demandar recursos tecnológicos que realmente possibilitem o uso facilitado pelo cliente, apoiado na Internet (já passou da hora de abandonar o excesso de papéis!) e nas transmissões de notícias em tempo real. A agilidade é outro pré-requisito do *clipping* que deve ser utilizada estrategicamente pelas organizações, de maneira que possam tomar decisões rápidas para evitar a repercussão negativa de determinada notícia.

Os assessores capazes de enxergar esse potencial ainda inexplorado do *clipping* sairão na frente nessa profissão. Sua função para as organizações pode ser muito mais estratégica do que apenas registrar as inserções obtidas pelas assessorias nos veículos de comunicação. Contudo, a maioria das equipes de assessores continua fazendo do *clipping* apenas um mecanismo para mostrar o resultado do próprio trabalho.

Mas ele é um termômetro de como as informações estão circulando. Se um determinado *site* de notícias veicula uma matéria incorreta sobre seu cliente e você detecta o erro de imediato, poderá rapidamente acionar o editor do texto e pedir que a informação correta substitua a anterior. Com isso, você conseguirá deter uma verdadeira proliferação de reportagens negativas e erradas sobre o cliente, numa espécie de reação em cadeia que sempre acontece na Internet – em que um *site* segue o outro e, no final das contas, é muito difícil desfazer o emaranhado de incorreções. Se não fosse o *clipping*, provavelmente você não conseguiria corrigir o erro a tempo, além de correr o risco de vê-lo publicado, no dia seguinte, por algum veículo impresso.

## COMUNICAÇÃO *ON LINE*

A mídia na Internet, em tempo real, é utilizada como baliza para que o assessor avalie a tendência do noticiário do dia seguinte e possa se antecipar, promovendo ações que permitam prestar esclarecimentos adicionais ao noticiário impresso.

Na vida profissional, pude acompanhar de perto o poder que o noticiário *on line* tem sobre os negócios de um país e de uma empresa. Informações veiculadas num minuto conseguem, no instante seguinte, derrubar o valor de ações negociadas na bolsa de valores, aumentar a avaliação de risco sobre a economia nacional ou estimular especuladores a ponto de, em determinada hora do dia, ninguém mais ter a noção exata de onde estão as notícias corretas nas quais os investidores podem confiar.

É impossível que uma boa assessoria de imprensa não esteja devidamente vigilante em relação ao noticiário veiculado pela Internet. Informações editadas em segundos apresentam risco altíssimo de erro. A disputa entre as principais agências de notícias *on line* deixou de ser pela qualidade do conteúdo dos textos e passou a ser, exatamente, pela rapidez com que eles são expostos em rede. Com isso, estão prontos para circular por um emaranhado de computadores e sistemas.

É por isso que as assessorias de imprensa devem se pautar, igualmente, pela rapidez de resposta e reação. Para tanto, devem contar com uma estrutura de *clipping* sobre a qual já falamos aqui. Algumas agências de comunicação têm equipes próprias com o objetivo de acompanhar os principais noticiários *on line* sobre o conjunto dos assessorados. Detectada a notícia, os jornalistas de atendimento ao cliente podem então ser rapidamente acionados para tentar reverter eventuais informações incorretas ou potencializar as que são positivas.

## WEBSITE

*Sites* especiais podem ser criados pelas assessorias para melhorar o relacionamento com o assessorado e com a imprensa. Principalmente para organizações formadas por uma estrutura bastante dispersa (muitas unidades industriais espalhadas pelo país e pelo mundo ou várias sedes regionais de órgãos públicos), os *websites* transformam-se numa ferramenta eficiente de trabalho.

Alguns clientes optam por reunir, em um só *site*, todo o *clipping* que interessa observar, as análises de noticiário que acompanham as principais matérias veiculadas no dia, os indicadores que demonstram o desempenho da assessoria, boletins internos, entre outros recursos.

Páginas bem estruturadas de Internet contam com espaços abertos ao acesso público e também com *links* exclusivos para determinados profissionais da organização. Nesses, geralmente estão os serviços prestados pela assessoria e de consumo interno (como as análises de noticiário, que não devem ser acessíveis à concorrência ou aos opositores políticos). Nas áreas abertas, as assessorias podem criar salas de mídia para a veiculação dos *press releases* e de outras informações de interesse da imprensa, para consulta direta dos jornalistas.

Esse tipo de solução também auxilia os assessores a manter um atendimento ágil tanto à imprensa quanto ao assessorado. Jornalistas costumam demandar informações que já são públicas e às vezes estão disponíveis na Internet, e o uso desse recurso economiza tempo no atendimento pessoal.

Estar presente na Internet e em posição interessante é imprescindível para qualquer organização que busque reconhecimento. Para tanto, seu *site* deve ser claro, com informações bem destacadas (e é preciso ter uma estratégia até mesmo para indicar em que lugar e de que forma cada informação deve constar na página), além de ser construído para apresentar o menor risco técnico possível dos chamados *bugs*, as falhas operacionais na Internet.

Mensuração de resultados

Trata-se de uma metodologia que mede continuamente os resultados do trabalho da assessoria de imprensa. É um mecanismo fundamental não só para avaliar se o plano de comunicação está alcançando as metas preestabelecidas, como também para dar uma satisfação ao cliente sobre o resultado dos investimentos feitos em comunicação com a mídia.

Equipes menos profissionais de assessoria de imprensa ainda utilizam o modelo simplório de medir apenas quantas vezes o assessorado apareceu na mídia. Nesses casos, quando muito, indicam se essas inserções são positivas ou negativas. Convenhamos que isso diz muito pouco sobre a qualidade da imagem da organização.

Uma boa mensuração de resultados compara as mensagens que o cliente gostaria de reforçar na mídia e se o resultado foi obtido ou não. Relata, por meio de gráficos e textos, quais veículos de comunicação retransmitiram esse discurso, que espaço concederam e que impacto causam, de acordo principalmente com o público que atingem.

Se a mensuração apontar que esses objetivos não foram alcançados, então fica bastante claro que as estratégias não estão surtindo efeito. É a hora de fazer uma correção de rumo. Assessores devem ser os primeiros a reconhecer essa necessidade para que o assessorado confie a eles novas oportunidades.

Tivemos certa vez um cliente que nos apresentou uma meta curiosa de comunicação, mas nem por isso rara de se encontrar naquele mercado. Ele queria, simplesmente, que seu nome e o de seus sócios não aparecessem na mídia – por mais que eles despertassem a atenção dos jornalistas, dado o sucesso dos negócios. Sim, o sucesso dos negócios poderia aparecer. Mas sem qualquer menção sobre quem estava por trás desse sucesso.

Estabelecemos assim um plano de comunicação para ressaltar pontos fortes da organização e, com isso, valorizar outras áreas da empresa que não apenas a imagem pessoal de seus dirigentes. Para comparar os resultados obtidos ao final de alguns meses com aquele plano, elaboramos uma metodologia de mensuração. Avaliamos no período todas as matérias publicadas sobre o cliente, segundo critérios quantitativos (ligados ao número de inserções registradas pelo *clipping*) e qualitativos (conforme o conteúdo explorado nas matérias e o peso de cada uma). No final, gráficos demonstraram significativa redução no número de citações dos sócios e mostraram como a curiosidade da mídia pôde ser satisfeita com informações de qualidade sobre as atividades da organização.

## Relatório de avaliação

É encaminhado mensalmente ao assessorado ou após um evento específico, como uma coletiva. Deve reunir o *clipping* do período, os gráficos da mensuração de resultados e um texto crítico sobre o desempenho da assessoria.

É no relatório que o assessor deve exercitar não apenas a honestidade (insisto!), mas a modéstia, se for o caso. Não adianta querer inflacionar os resultados do trabalho. O assessorado perceberá que você está blefando. Se algo não saiu tão bem como o esperado, é hora de reconhecer. Organizações costumam valorizar muito mais a pró-atividade dos assessores que apontam erros e, de imediato, propõem formas de corrigi-los.

Algumas agências de comunicação optam por encaminhar relatórios diários ou semanais de atividades. Eles são, sim, um bom instrumento de controle das ações da equipe, além de integrar melhor o conjunto de informações trabalhadas na imprensa. Mas esses relatórios não devem dispensar uma análise mensal de desempenho, que apresenta uma visão mais consolidada do trabalho.

## ANÁLISE ESTRATÉGICA DE MÍDIA

Cada agência tem seu próprio modelo para analisar como a mídia está expondo determinado assunto. Geralmente, essa atividade é realizada todos os dias, com base na leitura dos veículos da grande imprensa. A análise visa ainda a identificar os diferentes tratamentos que o assunto recebe em uma mesma publicação ou em veículos diversos. Uma equipe especializada de jornalistas lê e interpreta o noticiário. O resultado é um texto conciso e objetivo, que se torna um importante instrumento de consultoria na área de comunicação.

Assessorados que são objeto de reportagens diariamente precisam desse tipo de serviço para que, nas primeiras horas da manhã, tenham em mãos uma visão ampla e contextualizada das publicações. Com isso, os principais porta-vozes saberão como se posicionar diante de eventuais entrevistas ao longo do dia.

E não apenas isso: essa leitura, que deve ser sempre isenta e jamais ter o objetivo de enaltecer as atividades da assessoria, serve como base também para que os dirigentes da organização tomem decisões gerenciais sobre uma série de temas no mesmo dia.

## AUDITORIA DE IMAGEM

Assim como muitos assessorados precisam de uma visão ampla da imprensa diária, necessitam também de uma avaliação quantitativa e qualitativa que aponte, mensalmente, como está a imagem deles na mídia.

Você pode até pensar que isso é tarefa simples para quem consegue resumir as 30 análises diárias de mídia produzidas no mês. Mas está enganado. A auditoria de imagem demanda uma metodologia específica, devidamente apoiada em preceitos estatísticos e em pesquisas de opinião. É preciso rigor na tabulação desses dados. Caso contrário, você não conseguirá dizer ao assessorado, de maneira segura e responsável, se a imagem dele vai bem ou mal.

Organizações cientes do papel da imprensa estão dispostas a rever, a partir dos resultados da auditoria, procedimentos adotados não apenas perante os profissionais da mídia, mas também quanto às estratégias do próprio negócio. Se a imprensa expõe uma imagem que não condiz com a que o assessorado deseja propagar, então há margem para duas interpretações possíveis: ou a imagem não se sustenta sobre a retórica – e então é chegada a hora de rever todo o posicionamento da organização – ou alguém não está sabendo contar bem a história para a imprensa –, o que deve motivar a assessoria a se autoavaliar.

Uma experiência interessante de auditoria de imagem é aquela realizada para órgãos de governo. Geralmente, eles próprios desenvolvem pesquisas de opinião para descobrir o índice de satisfação da população com suas atividades. Mas uma análise segura de como sua imagem está estampada na imprensa não é fácil de se obter. Experimentamos esse desafio com um órgão da administração federal, que foi utilizado como um parâmetro não apenas para as ações de visibilidade desse órgão, mas para sua própria gestão.

Nosso objetivo era identificar como cada departamento e respectivos dirigentes eram acompanhados pela imprensa. No balanço geral da imagem, queríamos saber o que mais pesava favorável ou negativamente. Com isso, analisamos matéria por matéria publicada no mês nos grandes veículos brasileiros. Mapeamos quais fontes tinham melhor entrada na imprensa e que assuntos rendiam impacto positivo para a imagem do órgão. Avaliamos ainda como essas divisões oscilavam de um veículo para o outro, o que possibilitou indicar tendências editoriais. Com os resultados desse "retrato" da mídia, a equipe de comunicação pôde enfatizar determinadas áreas e planejar o enfoque a ser divulgado para cada veículo.

Em contrapartida, o próprio órgão de governo passou a avaliar como determinados programas públicos evoluíam, a ponto de serem ou não percebidos corretamente pela mídia. Novas prioridades foram estabelecidas para evitar futuras distorções.

## CAPÍTULO VII

# Formas usuais de relacionamento com a imprensa

Nem só de *releases* vivem as assessorias de imprensa. O excesso de textos enviados aos jornalistas costuma fazê-los desenvolver os mais profundos e negativos sentimentos contra os assessores. É claro que os *releases* ainda são os melhores instrumentos para algumas divulgações. Mas abusar do uso e ainda querer buscar a simpatia de repórteres e editores para cada abordagem desse tipo é confiar demais na paciência de quem passa maus bocados nas redações.

Portanto, acredito que o melhor caminho para uma prática eficiente de assessoria de imprensa seja o de construir relacionamentos éticos e sólidos com os jornalistas. Convenhamos, ninguém consegue isso por meio de um texto enviado indiscriminadamente para centenas de profissionais nos veículos brasileiros de comunicação!

Relacionamentos bem construídos não se fazem da noite para o dia. De qualquer maneira, a forma como eles começam determina pelo menos 50% do sucesso. É a história de que a primeira impressão é a que fica. Pois bem, para fazer contatos com os jornalistas, você precisa, primeiramente, ser perito sobre o assunto a ser divulgado. Não deve titubear na hora de sanar as dúvidas despertadas nos jornalistas logo nas ligações iniciais. Ao contrário, deve mostrar firmeza e empenho ao defender a sugestão de pauta, de nota ou convite para eventos.

Antes de sair defendendo aquilo em que você acredita – que seu assessorado é mesmo o máximo (afinal, se você não acreditar, como vai convencer outras pessoas?) –, enumere indícios de que isso é mesmo verdade. Em vez de dizer que ele é líder insuperável no mercado, mostre ao jornalista estatísticas que demonstrem a participação nas vendas do setor ou cite eventuais prêmios que ele já tenha recebido.

Lembre-se: dizer que seu assessorado é o melhor, que tem os produtos mais qualificados ou as soluções ideais para determinado segmento é completamente inócuo. Soa como pura falácia. Deixe esse tipo de informação para os anúncios publicitários.

## TRABALHO DE CONVENCIMENTO

Quando um bom assessor parte finalmente para fazer contato com o jornalista na redação, certamente já passou por uma bateria de entrevistas com fontes do assessorado. Dali surgem todos os dados que dão o devido embasamento para sua sugestão de pauta. É com eles que se consegue argumentar a veracidade do assunto apresentado à imprensa.

O trabalho realizado pelos assessores às vezes tem tanto valor de reportagem quanto aquele feito pelos jornalistas que assinam as matérias. Estes, no entanto, são os que aparecem à frente do palco, ou seja, nas páginas impressas ou eletrônicas dos veículos, nos microfones do rádio ou na telinha da TV.

Mas, atenção: isso só ocorre com os assessores experientes que têm aquilo que chamamos de "sacação" (têm perspicácia e "faro" para o que é importante para a mídia) e sabem, com clareza, o que é uma notícia. Muitas vezes, as informações já chegam tão bem apuradas, tão bem organizadas e convincentes, que o repórter gasta o mínimo de tempo para confirmá-las e dar redação própria ao fato.

Não deveria ser bem assim e não defendo esses moldes. Quero dizer que diante das redações enxutas sobra pouco tempo e pouca "cancha" para uma boa apuração. Isso vira também tarefa dos assessores que seguem à risca a norma proposta por Ivy Lee, sobre a exatidão da notícia oferecida pela assessoria.

Assessor de imprensa precisa ter "tino" de repórter dentro da organização em que vai trabalhar. Isso significa, inclusive, desconfiar de algumas informações que o assessorado transmite. Você precisa, antes de tudo, convencer a si mesmo. Para tanto, terá de utilizar uma apuração completa de informações. A empresa do cliente tem tecnologia de ponta no que faz? Tem certificados de qualificação? Os empregados obtêm produtividade acima da média do setor? Está construindo unidades? Vai ampliar substancialmente os investimentos e a capacidade de emprego? Tem dados confiáveis sobre o grau de satisfação dos consumidores? Tem projetos na área de responsabilidade social? Se os tem, são premiados? É referência no setor?

Como para qualquer tarefa de reportagem, não há um roteiro fixo de perguntas a serem feitas aos assessorados. Tudo vai depender do assunto abordado no momento. O que você precisa é se munir de informações completas e confiáveis. Vê agora por que assessor de imprensa é mesmo jornalista, a despeito dos que tergiversam contra?

## PASSANDO A INFORMAÇÃO ADIANTE

Com todas as informações devidamente confirmadas e em mãos, é hora de verificar o planejamento estratégico e determinar as ações específicas que deverá adotar para uma divulgação em particular. Elas podem motivar um trabalho em várias frentes: rádio, TV, jornais, revistas, Internet, agências de notícias. E, ainda, dentro de uma mesma mídia, como o jornal, pode levar à divulgação de diversas pautas para diferentes editorias.

Para tanto, mire em uma palavra: foco. O assunto de sua divulgação pode ter várias ênfases. Vamos a um exemplo prático. Seu assessorado obteve no ano os melhores resultados financeiros já alcançados em sua história. Essa notícia, por si só, já rende uma pauta para as editorias de economia ou de negócios. Após a publicação de uma matéria abrangente sobre o fato principal, você poderá destrinchar um pouco mais o assunto e descobrir, por exemplo, qual foi a política de recursos humanos adotada pelo cliente para estimular os funcionários a atingirem tais resultados. Essa poderá ser uma pauta para uma editoria de gestão ou de carreiras. Se for ainda mais adiante em sua apuração, poderá verificar se os resultados obtidos pela companhia serão revertidos, em parte, para aumentar os investimentos em determinados programas de responsabilidade social. A informação certamente renderá uma sugestão de nota para colunas que abordam as iniciativas empresariais nesse ramo ou as publicações especializadas em terceiro setor.

O segredo é diversificar as abordagens, sempre respeitando o perfil do veículo e do jornalista que você procura para as divulgações. Ao cobrir um único assunto por diversas vertentes, terá contribuído para projetar a imagem completa do assessorado, o que a sustenta muito mais do que se estivesse limitada ao balancete financeiro anual.

Com divulgações sistemáticas em um período mínimo de três meses, essa empresa reforça, na opinião pública, a percepção de que tem os melhores produtos, os funcionários mais satisfeitos, ações de cidadania respeitadas, e assim por diante.

Uma operadora de telefones celulares, por exemplo, pode tornar-se alvo de reportagens em todas as editorias. Em assuntos com foco corporativo, a matéria pode incluir a análise dos acionistas ou executivos da empresa sobre temas macroeconômicos e de finanças. Se for uma multinacional, sempre haverá aspectos que despertam a atenção da imprensa internacional. As áreas de *marketing* e de novos produtos podem ser pautadas em matérias de comportamento e tendência. O departamento de recursos humanos, sobre práticas pioneiras relacionadas à obtenção de metas e aumento de produtividade. Até mesmo os suplementos infantis e os dedicados a adolescentes podem se interessar pela organização, caso ela tenha produtos inovadores para crianças e jovens ou na hipótese de ter introduzido algum novo comportamento entre esses públicos. Se algum dos colunistas estiver escrevendo sobre reforma tributária e a empresa tiver estudos interessantes sobre o impacto que as novas regras trarão para o setor de prestação de serviços, em que ela está inserida, não hesite em contatar o colunista. Os produtos desse cliente introduziram um novo conceito, um novo posicionamento de marca no setor? Em caso afirmativo, os especialistas em *marketing* nos grandes veículos e na mídia setorizada pautarão matéria sobre o assunto.

Pode ser que esse assessorado, especificamente, não tenha interesse em expor sua posição em assuntos do cenário nacional, que não dizem respeito diretamente a ele. Mas, em contrapartida, poderá ter projetos na área de cidadania (no caso específico das operadoras de telefonia, praticamente todas têm uma fundação voltada para o incentivo à cultura, esportes, educação ou outros setores) que mostrem compromisso com o bem-estar de determinadas comunidades. Essas ações, quando bem divulgadas, oferecem indícios do engajamento da empresa em questões importantes para o país, independentemente de os executivos se pronunciarem ou não sobre determinados assuntos.

## DIVULGAÇÃO PARA TODOS OS VEÍCULOS

A divulgação realizada simultaneamente para todos os veículos pode ser acionada em situações opostas do ponto de vista do grau de importância da notícia. Ou o assunto tem grande interesse público e deve ser acessado por todos rapidamente ou tem baixa probabilidade de virar notícia. A ação, nesse caso, visa a dar conhecimento sobre o seu conteúdo para que possa ser registrado em forma de nota curta ou ser incluído em uma matéria maior que está a caminho.

Não foi à toa que descrevemos, no capítulo anterior, algumas das primeiras ferramentas da assessoria, *follow up*. É por meio dele que você deverá lembrar o jornalista sobre o *release* recebido e reforçar a relevância deste, dentro de certos limites (de tempo, de abertura dada pelo próprio repórter ou editor e até mesmo de importância do assunto). Esse mecanismo, gostem ou não os profissionais de redação, é essencial para que a assessoria busque realmente retorno para o esforço que fez ao promover uma divulgação mais abrangente.

Essa iniciativa é válida, ainda, para que a imprensa tenha memória sobre o assessorado e os assuntos que o cercam. Lembre-se, então, de procurá-lo nas ocasiões em que for abordar determinados temas.

Mas na hora de enviar informações a um grande número de veículos, seja coerente com as editorias que procurar. Se o assunto em questão for a inauguração de um presídio do governo federal, deve ser comunicado às editorias de política (porque mostra um programa público sendo cumprido, de fato), nacional (pelo amplo interesse do assunto para todo o país) e de polícia (não se esqueça de avisar os colunistas que têm interesse pelo tema da segurança pública). Na instalação de uma nova central telefônica, priorize os veículos e as editorias voltados para a cobertura de temas de utilidade pública, como as emissoras de rádio, noticiários diurnos das TVs e editorias de cidades dos grandes jornais. Um comunicado que surgiu em resposta a um fato no mercado financeiro deve ser encaminhado para as editorias de economia, finanças e para os colunistas e editorialistas do segmento.

Se não houver o mínimo de coerência na hora de escolher a quem divulgar determinados assuntos, não existe *follow up* que tenha efeito.

## ENTREVISTAS INDIVIDUAIS

Um assunto importante para um determinado segmento pode perder impacto ao ser pulverizado em espaços curtos de várias publicações, em que não ganha destaque. Para potencializar o efeito das divulgações, pode-se recorrer às entrevistas individuais.

Elas acontecem tanto por solicitação do jornalista quanto por iniciativa do assessor, quando se tem a compreensão correta de que determinado repórter ou veículo acompanha o tema com mais interesse e que, portanto, há maior probabilidade de que as informações do assessorado virem mesmo notícia. Nesse caso, pesa consideravelmente o fato de se tratar de uma entrevista exclusiva para um veículo e de se ter, durante a conversa, dados únicos e inéditos a serem explorados. É a oportunidade para o jornalista assinar uma matéria única, que ele vai lançar sozinho e à frente de todos os demais colegas de profissão.

Para que a entrevista tenha um bom resultado, o assessorado precisa estar preparado para receber adequadamente o jornalista. Deve dominar o assunto e entender o que pode ser extraído dele como notícia. É como estudar para uma sabatina ao vivo. A matéria publicada ou veiculada depende exclusivamente da percepção que o repórter teve e, ainda, da hierarquização que o assunto recebe do editor responsável pelo "fechamento" da edição do dia, no momento em que se decide onde e como as notícias serão publicadas ou veiculadas.

Recentemente planejamos uma divulgação para alguns grandes veículos, de maneira bastante segmentada, e que obteve bons resultados. Tínhamos em mãos a notícia sobre o lançamento de uma grande campanha publicitária para um novo produto de limpeza que, com essa iniciativa, passaria a brigar fortemente pela liderança de mercado com uma marca tradicional. Queríamos otimizar o impacto dessa notícia. Planejamos então entrevistas individuais com algumas revistas semanais de conteúdo geral e com veículos especializados na cobertura de negócios na área de comunicação. Cada jornalista teve tempo e espaço para entrevistar o principal executivo da empresa e o publicitário que idealizou a campanha. Matérias diferentes foram produzidas, todas com destaque e tratamento correto a nosso assessorado. Não garantimos exclusividade na divulgação, mas tratamos cada veículo de maneira atenciosa, atendendo às demandas específicas de cada jornalista.

## AULA DE JORNALISMO PARA O CLIENTE

Na hora de preparar o cliente para uma entrevista, você precisa do didatismo de um professor para uma rápida aula de jornalismo. Seu assessorado precisa ter certa familiaridade com os procedimentos adotados pela reportagem, entender o que realmente é notícia, quais são os passos para sua elaboração na rotina alucinante do fechamento das edições. Além disso, na hora de falar com o repórter, terá de se ater, nas respostas, apenas ao que foi perguntado, com um discurso objetivo e sucinto.

Antes de receber o repórter, a assessoria deve comunicá-lo de que será uma entrevista individual e exclusiva no que depender de seu assessorado (pode ocorrer de a mesma informação chegar ao mercado por outros caminhos), e que o fato de ter sido escolhido apenas um veículo acarreta uma expectativa de que o assunto tenha um tratamento mais abrangente. Você deve perguntar ao repórter se ele acha possível que isso ocorra e deve também alertá-lo para o risco de vazamento da informação no mesmo dia por outras fontes.

Não há mal algum em acompanhar de perto a edição da matéria, colocando-se à disposição do jornalista para informações adicionais e tentando se certificar de que o repórter realmente compreendeu o assunto. Essa situação é bem diferente da descrita quando falei sobre *follow up*, em que não se deve pedir garantia de publicação, uma vez que você "disparou" seu *release* para várias direções. No caso de exclusivas, ambos estão buscando satisfazer seus interesses. De um lado, importa ver a matéria veiculada. De outro, o mais importante é a exclusividade.

Uma vez acordada a entrevista, você deverá "brifar" o jornalista, preparando-o com as informações preliminares e tirando dúvidas corriqueiras, de modo que o tempo dedicado à entrevista seja aproveitado o máximo possível.

A presença do assessor durante a entrevista individual deve ser previamente comunicada ao repórter, que tem, assim, a possibilidade de optar ou não por levar o trabalho adiante. Há jornalistas que se constrangem e até se acham invadidos pela presença do assessor. Aconselho que você acompanhe a entrevista para que possa auxiliar o assessorado com informações complementares e conhecer os próximos procedimentos, caso o repórter precise de dados complementares. Todo mundo ganha com isso. Mas há casos em que os dois, porta-voz e jornalista, ficam mais à vontade se estiverem sozinhos. Se o seu assessorado se sentir seguro e preparado, não existe qualquer restrição para que somente ele atenda ao repórter.

Muitas vezes o cliente pede a presença do assessor para se certificar de que o que foi dito é útil como informação para a imprensa, uma vez que há o reconhecimento de que os assessores foram preparados para "talhar" os fatos, transformando-os em notícias, e para orientar o assessorado a enfatizar o que realmente é relevante e de interesse público.

## ENTREVISTAS COLETIVAS

Entrevistas coletivas são indicadas para comunicar assuntos de relevância e, se realizadas adequadamente, funcionam como um excelente instrumento de relações públicas e de divulgação.

Podemos citar, rapidamente, alguns exemplos de situações que justificam a convocação de coletivas. São eles: o anúncio de medidas na área governamental; de investimentos; esclarecimentos públicos; divulgação de prêmios internacionais e inéditos; finalização de processos de fusão e aquisição; comunicado sobre desempenho financeiro e comercial de grandes conglomerados; contratação de importantes jogadores de futebol; convocação de seleções; confirmação de aguardadas manifestações culturais e artísticas.

A regra é mais ou menos simples: merece entrevista coletiva o assunto que mobiliza as atenções e têm impacto sobre a vida da população. Muitas vezes o lançamento de campanhas publicitárias, de produtos ou a divulgação de balanços financeiros, feiras e eventos de alguns segmentos também podem receber o mesmo tratamento, direcionado para veículos ou editorias que cubram especificamente os setores das organizações divulgadas.

Entrevistas coletivas constituem um evento à parte, já que mobilizam ao mesmo tempo vários jornalistas em torno do assessorado e exigem estratégia específica em todas as etapas de realização.

Antes de partir para a organização do evento, o motivo da coletiva deve ser muito bem analisado e justificado por assessores em conjunto com os clientes. Deve-se checar se não haverá outra coletiva no mesmo dia e horário. É preciso treinar o porta-voz para a coletiva, por meio de *media trainings* mais ou menos completos. Todas as informações fornecidas devem ser contextualizadas e apuradas rigorosamente para que se tenha segurança de que as perguntas formuladas serão respondidas a contento pelo assessorado. É necessário providenciar o *press kit*, agendar o local e o dia do evento (evite as sextas-feiras: embora as revistas semanais raramente cubram esse tipo de evento, é nesse dia que ocorre o fechamento dessas edições); estipular o horário (sempre entre 9h e 15h e, dependendo da ocasião, a entrevista pode ser realizada em meio a um café da manhã ou a um almoço). Só a partir da confirmação desses preparativos é que são emitidos os convites para a entrevista. Na sequência, a equipe de assessores deve fazer o *follow up* para confirmar a presença dos jornalistas.

Mesmo que a coletiva seja anunciada uma semana antes, às vésperas da data de realização torna-se necessário reforçar a convocação. Conforme o número de confirmações, a equipe da assessoria deverá discutir a viabilidade de se manter o evento. Não é nada bom para o assessorado organizar uma coletiva, prepara-se para se expor diante de um grande número de jornalistas e receber apenas um ou dois repórteres. Nesse caso, é necessário rever rapidamente a estratégia, sem, contudo, desmontar toda a estrutura já preparada – o que seria o mesmo que assinar um atestado de desinteresse da imprensa por seu assessorado.

Durante a coletiva, os assessores devem ficar a postos para esclarecer dúvidas e verificar se é necessário encaminhar informações complementares às redações. Encerrado o evento, devem ser consultados os veículos *on line* para checar se a mensagem foi corretamente entendida. Se houver incorreções, a assessoria deve corrigi-las a tempo de evitar que os erros sejam repetidos nos jornais do dia seguinte. Verificado o *clipping* completo, a assessoria deve elaborar relatório, analisar matérias veiculadas e fazer a avaliação para o cliente.

Um de nossos grandes clientes tinha uma notícia de grande impacto a ser divulgada não apenas para o Brasil, mas para o mundo inteiro. Ele acabava de formalizar uma aliança estratégica com um grande *player* internacional do mercado e, juntos, passariam a liderar o setor. Alguns boatos sobre a operação começaram a circular entre analistas e na imprensa estrangeira, mas a companhia não podia se posicionar enquanto a transação não fosse criteriosamente comunicada aos órgãos reguladores do mercado financeiro dos países em que estão sediadas as duas empresas. Mas, diante da importância da notícia, de seus efeitos sobre as ações das empresas e sobre as economias nacionais em questão, a divulgação deveria ser feita de maneira ampla. Além disso, precisava ser acompanhada com o mesmo cuidado de uma divulgação exclusiva, dada a complexidade do negócio realizado e dos efeitos que informações incorretas poderiam acarretar.

Programou-se então uma entrevista coletiva no Brasil, em horário que conciliasse o cumprimento das regras de mercado nos dois países, com fusos diferentes. A imprensa foi chamada para o evento, sem receber a confirmação sobre o assunto a ser abordado – devido às restrições legais de uma divulgação precoce. Na ocasião, previmos aproximadamente dez profissionais para atender a imprensa durante a coletiva. Com a evolução dos acontecimentos, trabalhamos com uma equipe de 40 pessoas, atendendo, simultaneamente, a imprensa estrangeira, especializada, nacional e alguns analistas de mercado.

Outro exemplo de ocasiões em que as entrevistas coletivas são a melhor alternativa para uma divulgação está na experiência das concessionárias elétricas durante o racionamento de energia, em 2001. As informações desencontradas sobre a real situação dos reservatórios vinham do governo, confundiam a imprensa e deixavam as companhias com a responsabilidade de alertar aos consumidores. Esses alertas deveriam promover uma mudança profunda de comportamento para economizar energia – um bem que, para o brasileiro, sempre foi usado com abundância (pra não dizer desperdício).

Foi nesse contexto que as concessionárias tomaram pé da situação e organizaram entrevistas coletivas para divulgar informações sobre como a população deveria economizar e sobre a estrutura técnica de atendimento ao consumidor que seria organizado para o período. O modelo de "incentivo" adotado pelo governo para o consumidor que poupasse energia era, no mínimo, confuso. Abrangia cálculos de multa a partir de quantidades consumidas numa medida de energia que o cidadão comum não conseguia compreender.

Por meio da imprensa, as concessionárias divulgaram esses mecanismos e, principalmente, conseguiram ampla visibilidade para os sistemas de atendimento ao público – o que permitiu o esclarecimento das dúvidas. Com as entrevistas coletivas, essas informações foram melhor disseminadas e controladas pelas empresas. O efeito, já conhecido, foi um dos melhores exemplos sobre como a comunicação benfeita muda comportamentos e é capaz de mobilizar populações.

## QUANDO A IMPRENSA NÃO COMPARECE

Caso ocorra baixo comparecimento da imprensa ao evento, você poderá ligar diretamente para as chefias de redação e tentar recuperar a atenção do veículo para o assunto, dispondo seu assessorado para entrevista por telefone. Muitas vezes o veículo, apesar de ter interesse no tema, não conta com profissional disponível naquele momento para ser deslocado até o local da coletiva. Podem surgir ainda imprevistos no mesmo dia – e na mesma hora – que mobilizem a atenção da imprensa, como catástrofes, anúncios inesperados de governo ou morte de alguma personalidade.

Revistas semanais não adotam como prática enviar profissionais para coletivas. Para elas, o tema será assunto "velho", abordado pelos veículos diários e de Internet, quando a próxima edição chegar às bancas. Uma alternativa é oferecer às semanais algum fato ou fonte nova relacionada ao assunto abordado, sondando-as sobre o interesse em desdobrar a pauta com informações não divulgadas na coletiva ou com outros enfoques. Se o assunto for realmente muito bom (como o anúncio de grandes operações de fusão e aquisição, uma medida governamental de grande impacto, entre outras situações), as semanais tentarão, por conta própria, fazer uma apuração bastante aprofundada, capaz de apresentar aos leitores uma visão muito mais abrangente.

## O TETO DO SUPERMERCADO DESABOU

Certa vez, na mesma tarde em que estava prevista uma coletiva, o teto de um supermercado em São Paulo desabou. Apenas um veículo compareceu ao nosso evento. Ainda assim, o assunto que estávamos divulgando foi abordado e o cliente foi entrevistado por todos os jornais porque "corremos atrás" para resgatar o interesse das redações. Na época não havia o uso facilitado de e-mails. Deixamos uma equipe de *motoboys* de plantão caso o material tivesse que ser levado rapidamente às redações. Providenciamos fotógrafos e um esquema para revelar rapidamente as fotos. Seguindo nossa orientação, o cliente deixou a agenda em aberto durante o dia, sem outros compromissos, para que, assim, pudesse atender individualmente aos jornalistas, por telefone. Apesar do sufoco e da "cara de tacho" que ficamos na frente do cliente no momento da coletiva, diante da sala vazia, ele ficou muito satisfeito com o resultado final.

## INFORMAÇÕES EXCLUSIVAS PARA COLUNISTAS

Colunistas devem ser acessados na existência de alguma informação dada com exclusividade. É o caso de uma análise única feita por seu assessorado e que signifique um avanço no debate sobre determinado assunto. Ele deve ser reconhecido como fonte, como pessoa especializada em seu segmento, que pode ser consultada periodicamente pelo colunista.

As colunas não publicam somente informações exclusivas. Muitas vezes, os colunistas têm interesse em uma nova abordagem de um assunto já divulgado ou buscam apresentar desdobramentos interessantes sobre assuntos de grande repercussão.

## PAUTAS ESPECIAIS

A proximidade de datas como Natal, Dia dos Pais, Dia das Mães, Dia das Crianças, Dia da Secretária, além de eventos como feiras setoriais, palestras e ocasiões especiais (por exemplo: aniversário das privatizações em um setor específico, de posse de governos, entre outras) podem ser uma boa oportunidade para as chamadas pautas especiais, que abordam determinados assuntos com maior fôlego. Você pode sugerir aos repórteres alguns dados sobre a *performance* do seu assessorado no momento reportado.

## PAUTAS CONTEXTUALIZADAS

Para um bom assessor de imprensa, qualquer assunto pode se transformar em sugestão de pauta, desde que devidamente contextualizado.

### CAFÉ EXPRESSO

Certa vez fomos solicitados a divulgar a entrada, no mercado de café expresso, de uma tradicional empresa do setor. O detalhe é que ela era a última a entrar no segmento, tornando quase nula, assim, a chance de a imprensa se interessar pelo assunto, a não ser pelo aspecto negativo – o de ela ter demorado muito para tomar essa decisão.

Pesquisamos o mercado e descobrimos, à época, que o Brasil era um dos países onde mais se vendiam máquinas de café expresso para consumo em casa.

No outro dia, propusemos uma matéria exclusiva para uma revista semanal. A iniciativa deu certo e o título da matéria foi: "Venda recorde de máquinas no Brasil faz a tradicional ..... entrar no café expresso".

Na sequência, na cozinha experimental da empresa, foram propostas várias atividades de relações públicas, como um café da manhã para *chefs* de restaurantes famosos, ou seja, uma visita de personalidades a uma das unidades (uma histórica torrefadora) e o lançamento de um livro de receitas para marcar a ocasião. E, assim, mesmo chegando depois de todos os concorrentes, essa empresa ganhou visibilidade na mídia adequada, o que contribuiu para aumentar sua participação no mercado de café.

O lançamento do produto coincidiu com o centenário da empresa e a ocasião possibilitou ainda a edição de um livro histórico, acompanhada de ações de relacionamento com o público institucional, formado, nesse caso, por parlamentares, executivos de governos e representantes de entidades de classe nos locais em que o cliente possuía unidades industriais e comerciais.

## ARTIGOS

Uma forma de inserção do assessorado na imprensa é a produção de artigos enviados para as editorias de opinião dos grandes veículos de comunicação, levando a assinatura de um importante porta-voz da organização.

A veiculação do artigo indica que, como autor, esse porta-voz está credenciado para dar importantes contribuições à discussão de determinado assunto de interesse público, relacionado à atividade.

Nem sempre os executivos têm tempo e paciência para pesquisar sobre o tema, tecer uma argumentação e então redigir um artigo. Outros, no entanto, fazem questão de escrevê-los de próprio punho. De qualquer forma, o próprio assessor pode se oferecer para produzir o texto, uma vez que conhece suficientemente bem o assunto abordado e a posição do assessorado sobre este. Torna-se, assim, um *ghost writer*. Ou seja, ele redige o texto que, depois de aprovado pelo cliente – que o assume como seu –, é encaminhado para o jornal ou revista interessada na publicação.

Os artigos são uma boa forma de inserir o assessorado em determinadas discussões porque facultam espaço bem mais amplo para pontuar argumentos, rebater críticas e apresentar fatos novos. Numa entrevista corriqueira com um repórter, todos esses pontos podem ser ressaltados, mas podem não passar pela hierarquia de informações que o jornalista escolhe para o texto. Algumas declarações correm ainda o risco de não serem bem contextualizadas. Nos artigos, o texto do cliente é publicado na íntegra. As editorias de opinião costumam apenas, em alguns casos, fazer determinados "cortes" no texto, para que ele caiba no espaço reservado na página.

## ENCONTROS INFORMAIS

Você pode agendar almoços e encontros informais com a imprensa mesmo que não tenha assuntos a divulgar. A ocasião é interessante para seu assessorado, que, dessa forma, estreita relacionamentos, e para o jornalista, que é apresentado ou simplesmente revê uma boa fonte.

Jornalistas mais experientes – especialmente repórteres "da antiga" – não têm muita paciência para esse tipo de encontro. Sempre acham que nenhum convite assim está livre de certos interesses do assessorado. Nisso, eles têm absoluta razão. Almoços completamente despretensiosos só são feitos com amigos ou parentes. E até esses são difíceis de acontecer.

Mas o que quero dizer é que eventos entre jornalista e fonte podem acontecer não porque há o interesse imediato de que, saindo dali, o repórter escreva uma matéria favorável sobre o assessorado. Em muitas ocasiões, nenhuma notícia ou possível pauta é debatida. São discutidos assuntos diversos, como matérias já publicadas, que provavelmente não voltarão ao noticiário ou não têm nada a ver com a atividade do assessorado.

É evidente, no entanto, que um bom relacionamento com o jornalista abre a oportunidade para que o assessorado tenha mais confiança no trabalho deste e que, no futuro, forneça a ele informações exclusivas. O jornalista, por sua vez, poderá recorrer a essa fonte, com muito mais facilidade, para pedir opiniões sobre assuntos em pauta na ocasião. A transparência entre as duas partes permitirá melhor fluxo de informações no futuro.

## VISITAS INSTITUCIONAIS ÀS REDAÇÕES

É comum as redações receberem visitas de políticos, empresários, acadêmicos, consultores, economistas, intelectuais, artistas e de várias outras personalidades de caráter institucional.

Essas ocasiões ocorrem em duas circunstâncias: como forma de reforçar a comunicação de fatos relevantes de grande interesse público ou ainda na perspectiva de relacionamento, quando ambas as partes têm interesse em estabelecer ou estreitar vínculos anteriores.

Nessas situações, a assessoria de imprensa deve negociar previamente o motivo das visitas, deixando claro se o assessorado está disponível para entrevistas oficiais ou se o encontro deve ser considerado apenas como uma iniciativa de relacionamento.

Caso o cliente esteja disponível para falar com repórteres, a assessoria deve ajudá-lo a se preparar para qualquer investida desse tipo, com todo o cuidado dispensado também para as entrevistas exclusivas. Ele só não pode, jamais, ser pego de surpresa.

## CAPÍTULO VIII

## A imprensa vem até você

Até agora abordamos as principais iniciativas que os próprios assessores tomam para uma divulgação. Mas há ocasiões, principalmente se o assessorado é reconhecido como fonte de informações, em que o movimento é inverso. Quando um jornalista bate à sua porta, é hora de atendê-lo com o devido cuidado para que seu assessorado não fique exposto indevidamente.

Jornalistas de redação reclamam, com razão, que alguns assessores e fontes costumam arrepiar-se inteiros com um simples pedido de informação. Alguns pensam que o repórter está preparando alguma "coisa" porque, do contrário, não viria até a organização (seja ela pública ou privada).

Diante de algumas situações, há sim o que temer. Certos jornalistas não são transparentes ao informar o que querem saber e, dessa forma, limitam a chance de defesa de quem será citado. O que dizer sobre isso? É mau jornalismo. Contra isso, você, como assessor, deve proteger seu cliente.

Claro que, para determinadas investigações, o jornalista precisa ter "manha" para obter dados para compor a matéria. Assessores, por sua vez, devem ter a perspicácia para definir os dados a serem divulgados e de que forma serão apresentados, para evitar uso incorreto da informação. Assim como os jornalistas podem buscar informações, em nome do direito democrático de ter acesso a elas, da mesma forma os assessores devem saber o que os repórteres realmente querem saber – e para que. Afinal, a alegada democracia deve existir para os dois lados.

Na maioria dos casos, esse contato com a imprensa pode transcorrer dentro da normalidade. Mas, antes, devem ser tomados alguns cuidados. Vamos a eles.

- Antes de falar com a imprensa, seu assessorado precisa saber para que os jornalistas querem as informações. Principalmente se o nome dele, da empresa ou atividade for alvo de reportagem. É justo que saiba informações elementares sobre o assunto a ser tratado, como será abordado, se outras organizações e pessoas estão sendo consultadas. Se o assessorado for alvo de alguma acusação, deve saber exatamente do que se trata e de onde partiu, para que possa fazer sua defesa. Trata-se de uma questão de bom-senso.
- O entrevistado deve saber o que o noticiário está apresentando no dia em que ele vai atender ou falar com o repórter – e isso não abrange apenas as manchetes, mas também o tema dos editoriais e a atenção dos colunistas. É necessário saber quais são os assuntos de maior relevância para a imprensa naquele momento, até mesmo para que o entrevistado possa contextualizar as informações oferecidas e perceber que, ao redor, há um sem-número de temas igualmente importantes a serem apurados.
- O assessorado deve ter conhecimento prévio sobre as características do veículo que será recebido para a entrevista. Qual é o posicionamento de "marca" desse veículo? Trata-se de um jornal, revista ou emissora que, em termos mercadológicos, se posiciona como polêmico e investigativo? É tradicionalmente mais alinhado com o governo estabelecido? Tem mais ênfase em política, economia, esportes ou cultura? Registra realizações do governo ou dedica espaço apenas às matérias de cunho "fiscalizatório"? Não deixe, jamais, seu assessorado às cegas sobre esse perfil. Ele precisa perceber as diferenças entre um veículo e outro, saber que cada um tem opiniões e critérios próprios nas condutas de checagem das informações. Deve saber também sobre o repórter com quem falará, sobre a familiaridade deste com o tema, sobre a experiência no veículo em que está, entre outras noções sobre a postura profissional do jornalista.

Esses cuidados todos às vezes provocam conflitos desnecessários entre repórteres e assessores. Em parte, por conta da falta de tato dos assessores, que deixam no ar a ideia de que desconfiam demasiadamente do jornalista. Mas em parte também porque alguns repórteres se consideram acima da possibilidade de serem questionados sobre o foco da matéria e, portanto, querem informações a todo custo – sem levar em conta que algumas pessoas não são obrigadas a "pagar" por esse custo.

## ACOMPANHAMENTO PASSO A PASSO

Sempre que um cliente atender à imprensa ou mesmo quando a informação for transmitida pela assessoria de imprensa, você pode e deve voltar a fazer contato com o jornalista para se certificar de que ele realmente entendeu o assunto e que não restaram ruídos quanto às informações fornecidas.

Telefone posteriormente e pergunte o que ele achou da entrevista e dos dados repassados e se precisa de subsídios complementares. Muitos jornalistas fazem mais de uma matéria por dia e, em alguns casos, cobrem mais de um assunto, para mais de um tipo de mídia (jornal e *on line*, por exemplo). Não adianta dar a informação e depois ficar rezando até o próximo dia, no momento de abrir o jornal para ver como ela foi publicada. O melhor a fazer é acompanhar passo a passo a produção e, sentindo ou não firmeza por parte do repórter, voltar a fazer contato durante o dia, mesmo que para isso você fique com a fama de inconveniente e "forçador de barra". É sempre preciso ter bom-senso antes de insistir. Mas se achar que é o caso, não hesite. Afinal, você deve ter bem claro que seu papel é trabalhar para que sejam veiculadas informações corretas sobre seu assessorado.

## O IMPONDERÁVEL ACONTECE

Quando, apesar dos cuidados redobrados nos procedimentos, ocorre o que chamamos de imponderável, ou seja, quando a situação sair do controle e o resultado for uma matéria com informações incorretas, "turbinadas" ou tendenciosas, você não deve ficar constrangido em encarar o assunto, entrar em contato com a redação e solicitar que se volte ao tema mais uma vez, para que as informações sejam retificadas.

Jornais e revistas tendem a solicitar, nos casos de pedidos de reparo, que se enviem cartas para as seções de leitores. Muitas pessoas evitam essa alternativa por temer o risco de sair publicado, junto com a carta, uma resposta da redação isolando algum ponto específico da matéria que, fora de contexto, sirva de sustentação à tese de quem a elaborou. Por isso, verifique com o editor da seção de cartas a possibilidade de isso acontecer, explique suas preocupações e "abra o jogo" com ele.

Caso esse espaço não seja considerado satisfatório (nos casos em que a matéria foi distorcida ou se ocasionou um grande estrago para a reputação de empresas e pessoas), você pode insistir para que seja realizada nova matéria em espaço editorial similar ao da reportagem anterior.

Ficar quieto, com receio de que qualquer reação possa expor o assunto mais uma vez de forma indevida ou chamar a atenção para um tema que poderia ser facilmente esquecido, traz dois riscos sérios: torna-se conivente com o erro publicado e o de seu assessorado ficar com a imagem distorcida frente ao público daquele veículo. Fique certo de que a matéria nunca será totalmente esquecida. Portanto, se não houver reparo, você encontrará alguém que leu a matéria e acreditou no que estava escrito.

Lembre-se ainda de questionar sua ingenuidade como assessor, veja em que você errou (expôs seu assessorado indevidamente? Não percebeu de maneira correta o que viria pela frente?) e tente evitar o erro nas próximas vezes.

Hoje as grandes agências de comunicação realizam treinamentos específicos para lidar com o incômodo "imponderável".

## QUANDO O REPÓRTER "MENTE" OU "NÃO ABRE" A PAUTA

Apesar de serem exceções, algumas situações indicam, claramente, que virão problemas pela frente. Você pode se preparar para acionar o alarme nas seguintes ocasiões:

- Quando o repórter "mente" ou "não abre" a pauta, simulando uma matéria que não é a verdadeira, não é a que está em andamento, ou desconversa quando alguma informação sobre a reportagem é solicitada pelo assessor.
- Quando existem indícios de que a matéria já está "pronta" e que o repórter quer apenas uma frase para colocar no texto e caracterizar que ouviu o outro lado, sem considerar as informações que poderiam levá-lo a concluir que deve modificar a pauta.
- O profissional recebe uma informação em *off* (sem citar procedência ou fonte) e resolve "bancar" a matéria, alegando confiar na fonte, sem apresentar dados sustentáveis de que o fato procede. Nesse processo, o repórter envolve o assessorado, sem levar em conta as informações em contrário que ele apresente em defesa.

Seja qual for a situação, o pior a fazer nesses casos é dizer que o cliente não vai se pronunciar. Seja franco com o repórter, mostre sua preocupação sobre a forma como a conversa está sendo conduzida. Diga claramente que você precisa saber qual é a pauta, que suspeita de que ele queira ouvir o outro lado apenas para cumprir um ritual, ou ainda que um ou dois *offs* não são suficientes para sustentar tais afirmações

## COLECIONANDO INIMIGOS

Quando o repórter baseia as ponderações em fontes anônimas, expõe o interlocutor a uma sensação de fragilidade absoluta. O entrevistado se sente, naturalmente, refém de informações muitas vezes absurdas e contra as quais todo e qualquer argumento é rejeitado pelo jornalista, sob a alegação de que este está respaldado no *off* de um informante "confiável".

Não há como a conversa prosseguir com esse jornalista sem um mínimo de transparência. Diga isso ao repórter. E se nada adiantar, entre em contato com o editor ou com a direção de redação (mas não sem antes avisar o repórter sobre sua discordância quanto ao procedimento, e que você, sem outra opção, recorrerá às hierarquias superiores). Para esses chefes, solicite ajuda sobre como lidar com a pauta que não garante o devido direito de defesa a seu assessorado.

Embora muitas vezes pareça que as direções de redação assumem um comportamento corporativo, no sentido de defender seus repórteres incondicionalmente, na prática há certo cuidado e apuro técnico com a matéria – o que, sem sua intervenção, provavelmente não aconteceria.

Agindo assim, você poderá colecionar um ou mais inimigos, mas no exercício da profissão você não é pago para ter amigos. Jornalista quer informação e o assessor precisar oferecê-la dentro de uma situação em que o respeito seja mútuo.

Existem ainda outras situações difíceis de serem administradas. Prepare-se:

- O assessorado atende ao repórter, demora horas para dar várias explicações e fica com a impressão de que o repórter publicará, no máximo, uma única frase dita. Muitas vezes o repórter aproveita a ocasião apenas para conhecer melhor determinado assunto, sem que isso implique aproveitar um conjunto maior de informações fornecidas pelo entrevistado. Em outras ocasiões, ele recebe espaço menor do que o previsto inicialmente para a publicação da matéria e, dessa forma, restringe o texto. Certifique-se de que a culpa não foi de seu cliente, que pode ter sido prolixo ou disperso, não respondendo às perguntas a contento do jornalista.

- O repórter insiste em uma posição exageradamente legalista, mesmo que não sustentável do ponto de vista do bom-senso. Por exemplo: existe uma meta, imposta pelo órgão regulador de determinado setor, impossível de ser cumprida. A matéria é recorrente, aparece periodicamente questionando somente um dos lados, no caso, o das empresas que não atingem a meta.

Nesses casos não há muito a fazer. A matéria é absolutamente correta, apesar de parcial (já que não questiona as exigências que, se cumpridas, significariam a inviabilidade econômica daquele setor). Além disso, lembre-se sempre dos limites de sua atuação: o critério sobre qual assunto apurar e publicar é do veículo. Sempre é válido contextualizar as informações trazidas pelo repórter e mostrar a ele, quando a matéria voltar a ser feita, como é essa legislação em outros países (para contrapor à realidade brasileira). Esse pode ser um caminho para que outras versões sejam utilizadas em reportagens feitas e refeitas com o vício de ouvir sempre as mesmas e únicas fontes.

- Um colunista saiu "atirando" na direção do seu assessorado, sem qualquer fundamento, ou fez uma análise que não corresponde à realidade, atingindo seu assessorado.

Você deve entrar em contato com o colunista, por telefone, expor o desconforto da situação e solicitar um encontro deste com o seu cliente. Os colunistas são bastante sensíveis a esse tipo de conduta e, acredito, você não terá problemas em contatá-los e obter resposta, apesar de essa tarefa ser desgastante e muitas vezes constrangedora.

Por produzirem análises de cunho pessoal, em espaço assinado, os colunistas têm autonomia na escolha e na abordagem dos temas sobre os quais escrevem, sem interferência das outras instâncias dos veículos. O mínimo que você deve fazer é respeitar as opções adotadas por eles. Mas nem por isso permita que informações incorretas atinjam seu assessorado.

- O veículo fez uma matéria baseada apenas em hipóteses e ouviu especialistas simulando uma situação em que seu assessorado foi atingido.

Procure a direção do veículo e mostre o absurdo da situação. O próprio veículo poderia ser citado em uma matéria setorial com enfoque semelhante.

## ANUNCIANTES QUEREM CREDIBILIDADE

Seja qual for o veículo, da mídia impressa ou eletrônica, temos que levar em conta que não estamos diante de um produto necessariamente coerente, que funciona como se tivesse acabado de sair de uma máquina industrial, apto a funcionar com perfeição.

A imprensa busca sempre a objetividade e isso pressupõe falar ou escrever sobre a verdade com clareza, lógica e precisão. Mas mesmo seguindo esses preceitos à risca, o jornalismo é uma atividade intelectual e, portanto, nunca sairá de cena a percepção pessoal do repórter e do editor. Alguém ainda acredita na total objetividade? Aqui estão em jogo a linha editorial do veículo e outras variáveis que podem induzir profissionais ao erro, ainda que involuntariamente.

O grande esforço que a imprensa faz hoje é para que essas variáveis sejam controladas até o limite tolerável das exceções. Do contrário, os veículos de comunicação arriscam a credibilidade. E sem ela, perde também quem coloca dinheiro na mídia na forma de anúncios. Sim, porque os grandes anunciantes querem ver suas marcas divulgadas em veículos que obtêm o reconhecimento dos leitores por serem isentos – nem que para isso tenham que deparar com matérias que os desagradem.

A tarefa de possibilitar o fluxo de informações confiáveis entre a imprensa e a sociedade é, assim, questão de sobrevivência para os jornalistas, incluindo os assessores de imprensa.

Assessores que tentam manipular, omitir informações e blefar com a imprensa conseguem apenas, quando obtêm "sucesso", contribuir para o descrédito da mídia no longo prazo. Com um agravante: se não fizer sua parte, dificilmente você terá discernimento suficiente para solicitar ao jornalista e à direção de redação do veículo que façam a parte deles, ou seja, que o veículo se retrate em caso de erro.

## HIERARQUIA NAS REDAÇÕES

Para um relacionamento adequado com a imprensa, você deve ter conhecimento sobre como funciona a estrutura das grandes redações, como se situam repórteres, os profissionais com quem você provavelmente terá mais contato.

Jornais contam com algumas estruturas diferentes. Na maior parte dos casos, compõem o *staff* da direção profissionais que se relacionam diretamente com os donos do veículo. São editores executivos, diretores de redação e editorialistas (que redigem os editoriais, espaços destinados a expressar a opinião dos proprietários das empresas de comunicação sobre os assuntos relevantes do país). Na sequência, vêm os colunistas (que assinam colunas e se responsabilizam pelas análises ali contidas) e os editores dos diversos espaços (colunas de notas e textos curtos não assinados, seções de artigos de opinião e de cartas e matérias relacionadas a assuntos específicos, como economia, política, cultura, esportes, entre outras). Descendo um degrau na hierarquia, estão os pauteiros e os chefes de reportagem de cada uma das editorias, seguidos pelos repórteres.

Nas emissoras de rádio, TV e nos veículos de Internet, a estrutura de cargos sofre as modificações afeitas à mídia eletrônica. Toda a turma da produção entra em cena, incluindo editores de imagem, sonoplastas, redatores de notícias *on line*, apresentadores, "âncoras" e assim por diante.

Portanto, não pense que seu único contato, como assessor, será sempre com o repórter. Mesmo quando ele for seu principal interlocutor dentro de um determinado veículo de comunicação, não é sempre que esse repórter estará capacitado para avaliar e "derrubar" uma pauta que, depois de apurada, se mostrou inviável. Ou que se sinta seguro para apurar uma notícia independentemente de outras hierarquias, quando se tratar de tema polêmico ou de grande visibilidade.

O processo de enxugamento a que foram submetidas as redações nos últimos anos levou à substituição de profissionais mais experientes e mais talhados por repórteres iniciantes. Muitos talentos foram descobertos nos cursos de *trainees*, o que é louvável, diante da dificuldade dos jovens se inserirem no mercado de trabalho. Mas a muitos desses profissionais falta a vivência e a maturidade para identificar o que realmente rende uma boa matéria. Geralmente, dedicam todo o tempo na tentativa de simplesmente cumprir as pautas recebidas. E dão o sangue para provar que conseguem.

É importante ter consciência disso para que, de uma vez por todas, você se convença de que, para ser um bom assessor, não basta pegar o telefone e divulgar eventos relacionados ao seu cliente. Se você não se sentir seguro, preparado e ciente de que, em algumas ocasiões, terá que "espernear" e se indispor para que uma matéria saia publicada com informações corretas, isso significa que ainda tem muito chão pela frente.

## CAPÍTULO IX

## Erros mais comuns

Quando algo sai errado no relacionamento com a imprensa, são poucos os assessores que fazem um exercício de humildade e buscam erros nas próprias práticas, no comportamento ou no comportamento do assessorado. Vamos, então, objetivar essa autoavaliação e apontar os erros mais comuns cometidos pelos profissionais ou por aqueles que tentam se relacionar diretamente com a imprensa. Se pelo menos esses forem evitados, organizações e pessoas terão chances de contar com uma exposição correta na mídia.

### O CLIENTE NÃO QUER FALAR

É algo abominável "colocar o assessorado para viajar" quando surge uma pergunta inconveniente ou um assunto sobre o qual o assessorado não deva se pronunciar. O jornalista não pode ser tratado como um ser desprovido de inteligência. O melhor que você tem a fazer, nesses casos, é dizer claramente que o assessorado não vai se pronunciar, e explicar os motivos dessa decisão. Eis alguns dos casos mais comuns registrados pelas assessorias quando encontram resistência dos clientes para falar com jornalistas:

- O assunto a ser abordado interessa à concorrência. Falar sobre ele implicaria fornecer dados que outras empresas não costumam fornecer ao mercado, como forma de proteger suas atividades e negócios.

- A empresa é multada ou punida por algum órgão fiscalizador (como agências reguladoras), mas a notificação legal ainda não foi entregue.
- Fatos envolvendo decisões da Justiça: o máximo que a organização tem a dizer é se vai ou não recorrer. Em tese, não há como contestar tais decisões fora da instância jurídica.
- No caso de empresas de capital aberto, com ações negociadas em bolsa, muitas das informações solicitadas precisam antes chegar ao conhecimento dos órgãos reguladores, como a CVM (Comissão de Valores Mobiliários).
- Operações de fusão e aquisição: as agências mundiais de relações públicas têm uma resposta padrão. Segundo elas, quando questionadas sobre a veracidade de um boato sobre grandes negócios em andamento, as empresas deveriam limitar-se a dizer "não confirmamos nem desmentimos fatos procedentes dessa natureza". Na realidade, trata-se de "jogo de cintura". Afinal, você não pode tirar o mérito do repórter de ter obtido a informação de uma fonte antes de o fato se tornar público. Por outro lado, seu assessorado não deve abordar uma negociação que ainda não foi concluída.

## QUESTÃO DE MÉRITO

Em junho de 1999, a repórter Daniela Milanese, da Agência Estado, telefonou para nossa equipe com a informação de que as cervejarias Brahma e Antarctica estavam se unindo. Na ocasião, achamos tanta graça nessa possibilidade que desmentimos, sem pestanejar. Sequer nos lembramos de recorrer ao famoso "a companhia não se pronuncia sobre temas como esses". Jamais passaria pela nossa cabeça que a Antarctica, nossa cliente, estivesse fazendo algum tipo de acordo com a então arquinimiga Brahma. Essa era uma informação que nós, até aquele momento, não tínhamos.

No dia seguinte, por volta das 22 horas, fomos chamadas pela Antarctica para participar de uma *war room* (sala de guerra), uma convocação de emergência para agilizar os preparativos que oficializariam a nova companhia originária da fusão. Setenta e duas horas depois, a criação da AmBev foi anunciada, para a incredulidade de todos, a começar pela nossa.

Fica aqui o registro para o faro e o trabalho perspicaz da repórter, a única profissional que chegou bem perto do que estava ocorrendo naqueles dias.

• Assessorado *low profile*, que tem horror a aparições públicas: você deve dizer claramente que ele não fala e não atende diretamente à imprensa, mas que, por entender que faz parte de uma corporação ou de uma entidade que tem visibilidade e desperta o interesse público, concorda em prestar esclarecimentos por intermédio da assessoria de imprensa, dos advogados ou de um porta-voz específico.

A Constituição brasileira afirma que são invioláveis a intimidade, a vida privada, a honra e a imagem das pessoas, que têm o direito de requerer indenização por danos morais ou materiais, caso esses preceitos sejam desrespeitados. Além disso, todo mundo pode escolher se quer ou não aparecer. O direito à privacidade (mesmo no caso das grandes personalidades, que, por si só, são notícia) é, ou deveria ser, assegurado desde que sejam levadas à sociedade as informações de interesse público relacionadas àquela pessoa ou organização que optou por não se expor diretamente.

## MINISTRO E REPÓRTER, QUESTÃO DE ESCOLHA

Quando trabalhava em um jornal diário, redigi uma matéria dizendo que uma das maiores redes de supermercados do país achava que não tinha que dar explicações ao público sobre o desabastecimento de carne ocorrido em suas lojas. E mais: disse que aquilo era problema dela, e não da imprensa. Essa foi a resposta que recebi e que transcrevi textualmente.

Em outra ocasião, em um final de semana, estava de plantão como repórter na porta do prédio de um ministro. De repente, a mulher dele desceu e aprontou um escândalo. Disse que ela e seu marido mereciam descansar e ter privacidade ao menos no final de semana. Eu disse a ela que eu também merecia ter descanso e privacidade no final de semana, mas que, em ambos os casos, era impossível, porque eu optei por ser jornalista e ele, por ser ministro. Ela subiu furiosa ao apartamento e cinco minutos depois o genro do ministro, com a neta no colo, surgiu para ver se poderia ajudar de algum modo os jornalistas e para dar explicações sobre a agenda do final de semana do ministro. A cena do genro com a neta rendeu uma foto-legenda na edição de domingo e a imprensa, de posse das informações, pôde acompanhar a rotina da autoridade em São Paulo naqueles dias.

O jornalista percebe quando você está mentindo, omitindo ou blefando. Abrir o jogo e dizer a verdade é a melhor coisa a fazer. Em ocasiões específicas – raras exceções –, o motivo pelo qual o cliente não quer ou não pode falar pode ser preservado, mas esses são casos a serem avaliados pontualmente.

## CLIENTE QUE FALA MUITO E SEM FOCO

Evite ao máximo que seu assessorado discorra longamente sobre o setor ao qual pertence ou sobre outro assunto qualquer, no meio de uma entrevista – a não ser que esse discurso tenha informações solicitadas pelo jornalista. Combine com seu assessorado que você deverá interferir caso ele se ponha a falar sobre assuntos que não estão em pauta, ou mesmo se se alongar demais, com o objetivo de reconduzir a entrevista para o que realmente interessa ao jornalista naquele momento. É "paralisante" quando a entrevista se arrasta, o jornalista para de anotar e começa a bocejar ou olhar para o relógio.

## INTERROGATÓRIO

Não dispare um interrogatório quando atender ao jornalista. Para encaminhar o pedido de informação que ele lhe fez, você precisa saber dados elementares, como qual é a pauta, o foco da matéria, se outras instituições estão sendo consultadas e outras questões pertinentes. A partir desse ponto, não avance. Perguntar "por onde vai ser o abre (*lead*) de sua matéria", ou "qual vai ser o título" é de extremo mau gosto e demonstra tentativa de interferência no trabalho do profissional, além de "foquice" (termo que designa jornalistas inexperientes, em início de carreira).

## AMIGOS?

Jornalista não é amigo, jornalista quer informação. Se você frequentar festas de jornalistas, fizer ou tiver amigos do "outro lado do balcão", sair para caminhar com alguma amiga especialista em determinada área em um veículo de comunicação, tiver compadres e comadres jornalistas, ótimo. Mas lembre-se que eles são jornalistas. Informações sobre assessorados estão proibidas de serem comentadas nessas circunstâncias.

Qualquer outro tipo de informação que possa despertar o interesse de jornalistas tem sempre que ser precedido da frase "como você sabe, aqui estamos como amigos". Do contrário, você corre o risco de ver a informação publicada. Para não se indispor com você, muitas vezes o "amigo" passa a informação para outro profissional da redação, como um colunista ou um repórter de outra editoria. E então você acabará contribuindo para estimular uma matéria ou uma nota que, fora do contexto de uma compreensão mais ampla, pode sair distorcida e prejudicar a imagem de organizações ou de pessoas.

Não é porque existe amizade entre você e o jornalista que seu assessorado será poupado, deixando de ser alvo de matérias negativas. Ficar chocado ou magoado diante de tais publicações só demonstra que você não sabe separar as coisas. Você deve estar preparado porque os jornalistas amigos, pelo menos os que eu conheço e com os quais convivo, ignoram laços de parentesco, procedência e natureza da amizade na hora de realizarem o trabalho.

## COLETIVA FORA DE CONTROLE

Nas coletivas, fique atento para que o foco da entrevista realmente seja mantido. Se for para anunciar investimentos e um repórter perguntar sobre determinada multa de um órgão ambiental ou de defesa do consumidor divulgada naquela semana, seu cliente pode dizer que os advogados da empresa estão à disposição para prestar esclarecimentos em outra ocasião e, então, mais que rapidamente, voltar ao assunto principal. Os advogados devem falar no mesmo dia, caso seja necessário, mas fora do horário da coletiva. Do contrário, todos os jornais vão iniciar matérias com a história da multa e deixar os investimentos no "pé" do texto.

## AO LADO DE PERSONALIDADES

A fábrica foi inaugurada, houve um grande evento, o investimento foi significativo, a empresa está trazendo tecnologia de ponta ao país e no outro dia o noticiário enfatiza a frase de um político presente na solenidade, abordando um assunto do dia! É isso mesmo. Quando se mistura imprensa e personalidades em eventos como esses, as chances de a pauta virar de cabeça para baixo são de dez em dez. Se não houver nenhum problema em deixar a autoridade máxima presente "capitalizar" os holofotes do evento, ótimo. Mas se não for esse o objetivo, é melhor fazer uma apresentação à imprensa um dia antes da inauguração oficial.

## ASSESSOR NÃO É DONO

Você não é dono nem cão de guarda de seu assessorado. Assessor de imprensa existe para facilitar o contato do jornalista com o assessorado e não para brecar, impor condições ou interferir quando o repórter avança ou pede o número do telefone celular de seu cliente, por exemplo.

Se o assessorado achar que deve informar o número e se quiser atender diretamente ao repórter dali em diante, ótimo! O repórter conquistou a confiança e a admiração de seu assessorado e isso é mérito dele.

Você pode combinar com seu cliente para que ele avise a assessoria quando o repórter ligar, apenas para que você acompanhe se sairá alguma matéria ou nota e se é necessário providenciar informações adicionais.

Na maior parte das vezes, seu assessorado não poderá retornar às ligações desse jornalista e vai passar a você a tarefa de fazer esses atendimentos. Mas sempre que ele puder e se sentir preparado para se relacionar diretamente com a imprensa, trata-se de uma prática a ser estimulada.

## "A CULPA É DA IMPRENSA"

Esse é um chavão utilizado sempre por algumas autoridades políticas, não importa de qual época e de qual partido. Também a imprensa reproduz as contradições da sociedade, incluindo as tentativas feitas por grupos opostos de querer manipular as informações. Por isso a imprensa erra algumas vezes, "força a barra" para enxergar crise ou polêmica onde não existe e publica fatos que mereciam maior apuração. Mas daí a um assessor de imprensa usar essa frase feita como forma de justificar pautas que não deram certo, não emplacaram, ou foram publicadas fora das expectativas de seu assessorado, vai uma distância grande.

Quando os problemas com a mídia forem recorrentes, não importa se grandes ou corriqueiros, é necessário revisar a estratégia de comunicação e repensar as práticas de relacionamento com a imprensa.

## NÃO MANDE "JABÁ" PARA OS JORNALISTAS

"Jabá" é o jargão utilizado para os presentes que chegam aos jornalistas das redações em datas comemorativas, ou brindes caros distribuídos por empresas no lançamento de algum produto. Em algumas ocasiões, como Natal e Dia da Imprensa, é possível enviar pequenas lembranças como uma ação de relacionamento e um sinal de respeito pelo profissional. Além disso, não avance. As redações costumam ter critérios próprios sobre como os jornalistas devem proceder em casos de jabá. É melhor você se informar primeiro sobre como a prática é vista em cada veículo.

# *CAPÍTULO X*

## Situações de crise

A "cerimônia de batismo" de um assessor de imprensa na lida dessa profissão é o enfrentamento de uma crise de imagem. Algumas funcionam como uma *overdose* de adrenalina, à qual você deve responder com agilidade, perspicácia e segurança. Sem isso, os fatos te atropelam e deixam sequelas de difícil tratamento para o assessorado.

No início, as crises – as homéricas mesmo – se efetivam num cenário de descontrole total, com matérias negativas publicadas por todos os lados, ao mesmo tempo. É muito difícil que um cliente tenha chances absolutamente nulas de passar por uma tremenda crise. Até as organizações não governamentais que têm projetos simpáticos à população podem ser questionadas sobre a origem dos recursos doados a elas que não tenham origem declarada.

Essas são situações que entram na conta dos fatores imponderáveis, sobre os quais já falamos aqui. Tantas outras, no entanto, podem muito bem ser previstas, diante da própria natureza da atividade do assessorado. E se podem ser previstas, podem ser evitadas. A outra parte só pode ser administrada.

Hoje é comum que as grandes organizações contem previamente com um plano de contingência, pronto para ser acionado em situações de crise. Esse roteiro de ações emergenciais deve ser implementado quase que automaticamente – já que, nessas horas, é preciso tomar medidas que não paralisem a instituição e que ajudem as decisões a fluírem melhor, tirando o assessorado da crise o quanto antes. Mas algumas crises não cabem sequer dentro do mais azeitado plano previamente construído. Nesses casos, as medidas preventivas servirão apenas como referência.

Então só nos cabe compreender melhor como as crises são causadas, como podem ser prevenidas e administradas. A experiência de quem já passou por algumas boas "lavadas" com clientes também tem muito a nos contar. Comecemos por seguir, desde já, o conselho mais sábio para uma situação de crise: enfrentar o assunto.

Podemos rápida e objetivamente pensar em algumas situações que, de cara, identificamos como críticas para organizações e pessoas:

- Acidentes com danos às pessoas, como vazamento de petróleo, queda de avião, incêndios em grandes proporções, entre outros.
- Empresas e pessoas em meio a escândalos de corrupção, com o envolvimento de órgãos públicos.
- Empresas e pessoas em meio a escândalos financeiros ou brigas familiares.
- Operações de fusão e aquisição de empresas que levem à concentração de mercado.
- Empresas e pessoas alvos de CPIs (Comissões Parlamentares de Inquérito) e outras investigações públicas.
- Crise de qualidade em empresas prestadoras de serviços públicos.
- Produtos adulterados, falsificados ou com problemas de qualidade.
- Personalidades vítimas de acusações de cunho pessoal (assédio sexual, suborno, entre outras).
- Empresas cujo produto principal é questionado publicamente por órgãos reguladores e de defesa da saúde (amianto, bebidas alcoólicas, cigarro e alimentos com alta taxa de gordura).
- Empresas sob forte ataque difamatório da concorrência.

Um bom resumo dessas situações é fornecido pelo Institute for Crisis Management (Instituto para Gerenciamento de Crises), que categorizou os tipos de crises conforme as causas. São eles: "atos de Deus" (acidentes naturais, que trazem problemas a serem gerenciados por empresas ou governos), problemas mecânicos, erros humanos e decisões ou indecisões administrativas (que causam problemas maiores).

Aqui nos interessa falar das crises que comprometem a imagem. Estas são um problema de comunicação, por excelência. O próprio ICM define crise como o acontecimento que estimula grande cobertura da imprensa, com prejuízo para o desempenho da organização. Veículos de comunicação são responsáveis por detonar esse processo, seja porque investigam escândalos revirando a vida de políticos ou empresários, seja porque noticiam fatos como grandes acidentes. Mas se cabe à imprensa trazer o assunto à tona, com maior ênfase, as organizações e personalidades também são responsáveis por, em alguns casos, não tomar medidas que antecipem resultados negativos para a imagem.

Nessa hora, você, como assessor, estará no meio do tiroteio. Irá deparar com dois extremos de comportamento: de um lado, a preocupação – que às vezes vira pânico – do assessorado; de outro, a quase satisfação de um repórter quando é ele o autor da descoberta de um aparente ou real escândalo. Afinal, profissionais e veículos de comunicação trabalham com os assuntos que mais impacto causam no público. E grande parte do público tem prazer em conhecer detalhes de uma crise.

Portanto, em vez de fugir do enfrentamento, é preciso se empenhar para prestar as informações de interesse público. Se a organização não tomar a frente da situação e se tornar a fonte principal, alguém tentará cumprir esse papel. E esse alguém alimentará a imprensa com a própria versão dos acontecimentos.

Deixar a crise seguir o próprio rumo, correndo solta e sem que você tome as rédeas da situação, é a pior alternativa a ser adotada. Fazer o contrário, ou seja, tentar barrar publicações e brecar a imprensa, é também confirmar uma tragédia anunciada.

Mas não tenha a ilusão de que você conseguirá reverter a crise quando ela já tiver estourado se a organização ou a personalidade envolvida nunca se preocupou em construir um relacionamento sólido com a imprensa.

Um caso recente de crise de grandes proporções é emblemático nesse aspecto. Em 2003, a Indústria Cataguazes de Papel, com sede em Minas Gerais, teve uma de suas barragens rompidas e resíduos tóxicos foram despejados num importante rio que abastece municípios mineiros e fluminenses. A população local ficou sem abastecimento de água e os prejuízos ambientais foram tremendos.

A empresa se viu atacada frontalmente pelos veículos de comunicação, sem que conseguisse espaço para dar sua versão dos fatos. Estes, por sinal, eram por si só desfavoráveis para a companhia. Histórico de acidentes ambientais, irregularidades de funcionamento e, por fim, a tentativa de fuga de alguns executivos ameaçados de prisão, foram divulgados pela mídia, que rapidamente sentenciou a Cataguazes como culpada. A reação da empresa para expor seus argumentos aos jornalistas só se deu semanas depois. E de nada adiantou. Entrou para a história a imagem da indústria que provocou o maior acidente ambiental registrado no Rio de Janeiro.

Se os fatos estão diante de todos e é impossível fugir, então o que os envolvidos têm a fazer é prestar esclarecimentos de interesse público e administrar o problema da maneira mais correta. A gestão bem-feita da crise é o principal remédio para reverter uma imagem. E isso significa dar atendimento de excelência a vítimas e parentes destas, se necessário, empenhar todos os esforços para minimizar estragos ambientais ou materiais, adotar a transparência como norma nos comunicados, entre outras iniciativas que ajudam a reforçar na mídia o outro lado da questão.

A assessoria de imprensa deve buscar, pelo menos, alcançar o equilíbrio entre as versões da mídia para os fatos. E isso só será possível se a equipe de comunicação participar efetivamente do círculo de tomada de decisões sobre como agir diante da crise. Em vez de ser acionada apenas para repassar aos jornalistas o que a organização ou a personalidade resolveu fazer, o assessor deve interferir na escolha do que, efetivamente, deve ser feito nessas horas.

## QUANDO A CRISE É DE COMUNICAÇÃO

Profissionais e estudiosos do mundo inteiro que lidam com a atividade de gestão de crise deveriam estudar o caso que ficou conhecido como da "pílula de farinha" (o anticoncepcional Microvlar) fabricada pela Schering do Brasil. Ao contrário de muitas crises que podem até não ser bem-administradas pelas organizações, a história protagonizada por esse laboratório farmacêutico é reconhecida, por alguns analistas, como um problema grave de comunicação.

O mais intrigante nesse caso foi o fato de a Schering ter se pronunciado abertamente sobre o tema apenas depois de a imprensa ter divulgado o fato, já com imagens de mulheres que fizeram uso do lote de placebos (que, no caso, eram feitos de farinha), julgando tratar-se de anticoncepcionais, e engravidaram. É provável que a crise de imagem apresentasse proporções menores se a empresa, antes da imprensa, tivesse levado o alerta à população sobre os problemas de fabricação, que já haviam sido detectados. A própria maneira como a crise foi conduzida incentivou a mídia a representar o caso posteriormente.

## CONVOCAÇÃO DE UMA FORÇA-TAREFA

Em situações de crise que envolvem empresas, é necessário convocar uma força-tarefa para reverter o cenário em um curto espaço de tempo. As ações devem ser dirigidas para todos os públicos com os quais a organização se relaciona e, especialmente, com aqueles que sofreram ou que estão vivenciando as consequências do problema.

Antes de ir a campo, no entanto, a organização deve definir a estratégia de abordagem da crise. O primeiro passo é reconhecer que a crise existe e não tentar minimizar sua importância. Encare-a em sua correta dimensão, ouvindo, para isso, pareceres técnicos precisos.

Vale lembrar o posicionamento da Petrobras diante do vazamento de petróleo na Baía da Guanabara, no Rio de Janeiro, que rendeu imagens fortes para as emissoras de TV sobre o arrasador efeito que o acidente causou ao meio ambiente. Numa entrevista, um dos executivos da companhia estava diante do cenário desolador das águas cobertas de óleo negro. Questionado sobre as medidas tomadas pela empresa, interrompeu a pergunta do repórter para corrigi-lo em relação à quantidade de petróleo derramado. O problema é que o dado exato era minimamente inferior ao citado pelo jornalista. O porta-voz deveria fazer tal correção, mas de maneira ponderada, argumentando que o mais preocupante não era a quantidade exata de óleo, mas os prejuízos que o acidente provocou na região.

Anos depois, ouvi outro executivo da Petrobras perguntar para vários jornalistas se eles acreditavam na preocupação com o meio ambiente da empresa. Entre eles, estava justamente aquele repórter que lembrou da resposta anteriormente recebida. Ele contou a todos os colegas sobre o ocorrido, posicionando-se claramente como incrédulo em relação à posição da companhia, provocando uma situação constrangedora para os representantes da Petrobras presentes no local.

## ATO DE HUMILDADE

Reconhecer a dimensão da crise, e os vários feitos, é um ato de humildade que a imprensa valoriza. Dado esse primeiro passo, é preciso descobrir a origem do problema e por que ele atingiu tais proporções. Perguntas elementares devem ser feitas. O que causou a crise? De quem é a responsabilidade? Poderíamos ter descoberto tudo isso antes? Quais são os prejuízos humanos e materiais? O que fazer no exato momento para evitar que o problema se agrave? O que fazer para compensar, de certa forma, os danos causados?

Sim, são muitas questões, ainda que aparentemente simples, a serem respondidas num curtíssimo espaço de tempo. Pessoas responsáveis pelas áreas técnica, jurídica, financeira, de comunicação, entre outras, devem se unir para buscar as informações necessárias e, só depois, estabelecer qual será o posicionamento da empresa em relação ao problema.

Nessa hora, a organização precisa definir quem falará com a imprensa, que instrumentos de comunicação serão utilizados, quais e em que tempo os veículos de mídia serão abordados, que informações serão prestadas de início e se ater àquelas já confirmadas. Atenção: é preciso ter cuidado para não perder o momento de se pronunciar. Não seja precipitado, indo a público sem informações exatas. Mas nem por isso deixe de atender à imprensa. Se não tiver resposta no momento, prometa aos jornalistas que irá fornecê-las e cumpra com o combinado tão rápido seja possível. Não espere passar o calor dos acontecimentos. O atraso pode reduzir a importância da versão que a empresa quer incluir na mídia.

Para definir o porta-voz do assessorado, é preciso pesar a habilidade comunicativa do escolhido, o que inclui ser suficientemente claro nas colocações e tranquilo ao responder até mesmo às mais indesejáveis perguntas. Mas ele também deve possuir todas as informações a serem repassadas e demonstrar segurança na veracidade destas. Deve demonstrar aos jornalistas que está ali porque a organização para a qual trabalha prioriza uma política de transparência com a mídia.

Aos assessores de comunicação cabe dar a tônica do discurso utilizado com cada público. No constante esforço de antecipar cenários, deve prever, por exemplo, se o fato acarretará uma superdemanda sobre os serviços de atendimento ao consumidor e assim instruir os operadores de *telemarketing*. O assessor precisa ainda definir quem deverá procurar os analistas de mercado e as autoridades de governo, entre outros públicos, como veremos mais adiante.

Para alguns, pode parecer desnecessário repetir, mas insisto: nos comunicados de crise só vale dizer a verdade. Nada além da verdade! A organização pode não informar determinados dados, se considerá-los estratégicos por algum motivo, mas isso será aceitável apenas se a omissão dessas informações não contrariar o esclarecimento sobre fatos em atenção à segurança das pessoas e dos bens materiais que possuam. Mentir é a pior saída possível. A versão correta, cedo ou tarde, virá à tona. E quando isso acontecer, a credibilidade dos envolvidos irá por água abaixo.

A imprensa é apenas a parte visível da crise. Para que o assunto deixe de ser abordado, é preciso resolvê-lo. Se não for possível ou enquanto isso não ocorre, é necessário que as fontes que alimentam o noticiário se convençam de que a empresa já tomou todas as providências possíveis e que tem o controle da situação. Mas, em hipótese alguma, o alerta ao público deve provocar pânico nas pessoas.

## APROVEITADORES DE HOLOFOTES

Toda crise abre espaço às pessoas que querem aproveitar a ocasião para aparecer na imprensa. Políticos, consultores, advogados, analistas do mercado financeiro, economistas e outros profissionais são assediados e passam a ficar sob os holofotes.

Junte-se a isso a prática de parte dos órgãos de fiscalização – entre outros – de avisar primeiro a imprensa e só depois notificar a empresa sobre supostas irregularidades.

A reação deve ser ágil, esclarecedora e enfática. Deve-se pontuar na imprensa as ponderações pertinentes do público externo, separando-as das que não fazem sentido e são produzidas apenas para que certas pessoas ou entidades adquiram visibilidade.

A empresa deve tomar a frente do fluxo de informações circulantes sobre o problema. Sem essa iniciativa de comunicação, ela torna-se alvo de declarações desencontradas de eventuais opositores ou de aproveitadores. A imprensa precisa reconhecer que terá acesso aos dados, de maneira ágil e esclarecedora, apenas se for à fonte diretamente envolvida. Dessa forma, a empresa tem mais chances de fazer prevalecer sua posição sobre os fatos ocorridos.

## FALAR É FÁCIL

Dizer como deve ser um bom gerenciamento de crise parece fácil. Difícil é fazer. Especialmente quando a crise envolve uma grande empresa prestadora de serviços públicos. Vivi essa experiência com a Telefonica, operadora de telefonia fixa em São Paulo.

Em 1999, após o grupo Telefonica de Espanha vencer o leilão de privatização da estatal Telesp, uma crise de imagem sem tamanho ameaçava até mesmo a permanência da empresa no Brasil. Dentre os problemas, a Telefonica contabilizava o maior número de queixas nos órgãos de proteção ao consumidor, multas recorrentes da agência reguladora, CPI estadual para investigar as ações da companhia e até críticas públicas de ninguém menos que o então presidente da República, Fernando Henrique Cardoso.

A ampliação da malha telefônica sobre uma infraestrutura "jurássica" estava no centro da questão: nos esforços de cumprir as metas estabelecidas para o serviço agora privatizado, a Telefonica tentava a duras penas corrigir os erros que irritavam a população e provocavam o bombardeio da imprensa. Linhas residenciais iam parar nos orelhões, telefones comerciais ficavam mudos de repente, enquanto a empresa não conseguia responder devidamente às queixas dos consumidores.

Resultado: os veículos de comunicação tornaram-se os principais porta-vozes (com destaque para as emissoras de rádio) da ira popular contra a Telefonica.

Quando fomos chamados para aplacar a crise, recebemos um ultimato: "Vocês têm 48 horas para colocar de pé um plano de comunicação de emergência". Montamos um QG dentro da empresa com 18 jornalistas, estruturados como numa redação, e cada grupo era responsável por "cobrir" uma área da empresa (tecnologia, defesa do consumidor, política e finanças). Além disso, uma equipe se revezava no trabalho de radioescuta, com o objetivo de acompanhar 24 horas por dia as rádios e TVs, nos possibilitando responder de maneira rápida a qualquer queixa apresentada no noticiário.

Era enorme o volume de matérias negativas contra a empresa e deveríamos reduzi-lo em 50% dentro de três meses. Conseguimos atingir uma redução de 75% já no segundo mês. Um dos principais focos de atuação da equipe foi manter um diálogo direto com o usuário, nem que, para isso, os principais executivos da empresa precisassem responder às queixas por meio das rádios. Com uma estrutura de trabalho instalada dentro da empresa, a equipe ganhou agilidade para falar com os jornalistas e ter acesso ao primeiro escalão da companhia. Passou, com isso, a dar vazão às cartas de consumidores que, no ápice da crise, somavam 1.100 ao dia.

Aos poucos, imprensa e usuários reconheceram que a Telefonica tinha respostas para cada problema e que se empenhava na solução. A versão da empresa começava a emplacar, ao mesmo tempo em que os assessores se esforçavam para demonstrar as razões para os problemas técnicos enfrentados na ampliação da malha. Dessa forma, não só minimizamos o ataque dos veículos contra a empresa como conseguimos pontuar os argumentos da companhia e reverter boa parte do noticiário.

A cada entrevista, a cada coletiva, uma estratégia específica era montada. Fatos positivos, como o volume de investimentos da empresa no Brasil e a modernização definitiva da rede de telefonia, eram pontuados diariamente na imprensa. A tática de guerrilha fez com que a Telefonica superasse a crise meses depois. Nesse processo, foi preciso muita briga para convencer executivos a falar, para ganhar confiança e imprimir a flexibilidade necessária às nossas ações no ápice do problema, conquistando apoio do corpo de funcionários aos quais estávamos diretamente subordinados.

Foi com um trabalho intenso de comunicação que conseguiram virar esse jogo. E nossa agência, a Máquina da Notícia, ganhou o principal prêmio brasileiro na área de assessoria de imprensa, concedido pela Aberje em 2000, para o *case* "Telefonia, a Virada".

É necessário conferir esse mérito à equipe de técnicos e gestores da Telefonica. Caso eles não tivessem feito a parte deles – o mais difícil, sem dúvida! –, ou seja, caso eles não tivessem trabalhado arduamente para triplicar o número de linhas do Estado de São Paulo em tempo recorde, resolvendo paralelamente todos os problemas de qualidade que foram surgindo (por mais irritantes que eles possam ter sido para nós, usuários, em um determinado período), não seria possível escrever o *case* que rendeu o prêmio à Máquina.

## PARA NÃO FICAR SÓ NO DISCURSO

Mas discurso, por si só, nunca resolve sozinho o problema. É necessário tomar atitudes de imediato para superar as dificuldades e, ao mesmo tempo, dar subsídios à imprensa para que a versão da organização seja fortalecida e alimentada. Isso inclui, por exemplo: negociações com autoridades envolvidas, providências para cessar a poluição ambiental, adaptação de produtos à legislação, reunião de documentos apresentados a uma CPI, entre outras.

Do contrário, a empresa transmite a imagem de paralisia diante da crise e todo o posicionamento perante a mídia se torna repetitivo, desanimador e inócuo.

Alguns especialistas sugerem que informações negativas devam ser dadas à imprensa todas de uma só vez. Assim tenta-se concentrar o impacto num único dia e diluir seu efeito a partir daí, com a divulgação sequencial de notícias que mostrem como a situação está sendo contornada, graças à iniciativa da própria empresa. Já com as informações positivas, dosá-las é uma forma de dar fatos novos à mídia diariamente.

Convocada para atuar enquanto durar a emergência, a força-tarefa deve ser composta por executivos e prestadores de serviços (incluindo agências de publicidade, assessorias de imprensa e empresas de consultoria), integrando um comitê de crise que se mobilizará para contatar autoridades e públicos relacionados, como:

• **Público institucional**: lideranças legislativas (Câmara e Senado Federal, Câmara Municipal e Assembleia Legislativa), representantes de ministérios e secretarias de governo envolvidas, integrantes do Judiciário, entidades representativas de classe.

- **Mercado financeiro**: analistas que acompanham o setor, bancos credores e/ou parceiros, Comissão de Valores Mobiliários, Bolsa de Valores.
- **Consumidor final**: serviços de atendimento ao consumidor, *call center* ou outros departamentos similares da empresa. Para esse público, é preciso elaborar o discurso claro e direto a ser transmitido a todos os usuários ou consumidores que entrarem em contato com a empresa. Deve-se avaliar ainda se é o caso de produzir campanha publicitária ou comunicado pago na mídia sobre os acontecimentos, com foco no consumidor.
- **Distribuidores**: o diretor de vendas precisa falar pessoalmente com as grandes redes varejistas (se for empresa de bens de consumo) ou com as cadeias, postos e redes onde os produtos são vendidos ou os serviços são prestados. É fundamental que a equipe de vendas seja mobilizada para defender a empresa perante os clientes.
- **Entidades regulatórias, de fiscalização e sindicatos dos trabalhadores**: órgãos de defesa do consumidor, agências reguladoras, ONGs, sindicatos e entidades afins, a serem abordados pelos diretores de Relações Públicas e de Recursos Humanos (RH).
- **Público interno**: a área de RH deve ser mobilizada para retransmitir o posicionamento oficial da empresa para todos os funcionários. Um público interno alinhado e motivado a defender a corporação é imprescindível para o sucesso dessas ações.
- **Imprensa**: a assessoria de imprensa deve unificar os discursos internos (que discurso será estabelecido para quais tipos de públicos), elaborar e executar especificamente a estratégia com a mídia. Essa estratégia deve incluir contatos com os repórteres, editores, diretores de redação, colunistas e também com os proprietários dos veículos, quando isso for possível, por meio de visitas do presidente da empresa às redações para explicar pessoalmente as circunstâncias que envolvem o assunto.

## *Comunicação integrada*

Foi também durante um gerenciamento de crise que pude visualizar na prática uma comunicação integrada com o conjunto de públicos. Em determinados casos, é preciso dialogar com todos eles, ao mesmo tempo. Vivi essa urgência quando a Máquina da Notícia foi chamada a integrar a *war room* que deveria conduzir à aprovação da criação da AmBev pelo Conselho Administrativo de Defesa Econômica (Cade), órgão ligado ao Ministério da Justiça para julgar processos de fusão e aquisição, entre outras funções.

A direção da empresa originária da união entre Brahma e Antarctica já tinha a estratégia montada. Uma complexa rede de comunicação com governo, imprensa, consumidor, distribuidores e outros públicos estava devidamente desenhada.

O desafio era claro: havia todas as razões possíveis para que o Cade desse o "sim" ao negócio, mas a AmBev não conseguia se fazer ouvir e passava grande parte do tempo respondendo ao tiroteio da concorrência. Tínhamos apenas um mês e meio para amplificar os argumentos da empresa. Trabalhar com o conjunto de públicos, sem desvalorizar um ou outro e de maneira extremamente ágil, foi uma das grandes lições que aprendi com a experiência na AmBev.

## O ENVOLVIMENTO DO CEO

Até que ponto o presidente ou CEO *(Chief Executive Officer)* da empresa deve aparecer na imprensa como porta-voz no período em que durar essa situação? Não há uma regra definida para isso.

Essa decisão depende da cultura e do perfil da empresa e, ainda, das proporções da crise. Em determinados momentos, o CEO precisa dar indícios pessoalmente para o mercado de que a empresa tem gestão, que não sofre "solução de continuidade" e que as dificuldades estão sendo contornadas dentro do melhor que poderia ser feito. Em outras ocasiões um porta-voz específico pode assumir a função.

Já na área pública, o porta-voz no auge de uma crise costuma ser o representante titular de determinado órgão de governo. Nesse caso, a decisão tem um forte componente político e está relacionada com a plataforma representada pela autoridade. O ex-prefeito de Nova Iorque, Rudolph Giuliani, teve uma atuação exemplar no episódio dos ataques terroristas em 11 de setembro de 2001.

Rudy, como ficou conhecido, sempre teve um relacionamento estreito com a imprensa. Um dos compromissos fixos em sua agenda de prefeito era o café da manhã que tomava com os jornalistas, quando expunha as principais medidas da prefeitura naquele dia. Sempre se posicionou como um líder onipresente na cidade. Diante dos ataques ao World Trade Center, tomou a dianteira para prestar esclarecimentos à mídia sobre o impacto do desastre e sobre as medidas de segurança tomadas pela prefeitura. Sua imagem nos jornais que circularam nos dias posteriores à queda das torres gêmeas era a de um prefeito atuante e solidário. Rudy ficou para a história como um dos homens públicos mais notáveis dos Estados Unidos. Não é à toa que hoje possui uma empresa de consultoria que, entre outros serviços, atua com administração de crises.

Já no caso da Telefonica, que pude vivenciar, envolver os principais executivos da empresa era fundamental para que ela recuperasse a credibilidade com a imprensa, o consumidor, o governo e os demais públicos envolvidos. A estratégia deu certo. Mas ressalto: isso não vale como regra.

## FORTALECENDO A CREDIBILIDADE

O término da crise deve marcar o início de medidas de médio e longo prazos na área de relações públicas (programas de responsabilidade social, ações de cidadania com a comunidade e outras). Devem estar voltadas para fortalecer a credibilidade da empresa, de modo a contribuir para que a memória dos dados negativos seja, aos poucos, substituída por uma percepção positiva. A essas ações deverão ser acrescidas outras que deem sustentação à imagem e fortaleçam a empresa para enfrentar situações adversas, em quaisquer circunstâncias.

Ainda que o relacionamento do assessorado com a mídia não tenha sido dos melhores durante a crise, rancores devem ser substituídos por medidas para reconstruir uma relação sólida com os jornalistas.

## PERSONALIDADES

Situações de crise que envolvem pessoas físicas ou personalidades são muito particulares e devem ser examinadas caso a caso. Como regra, deve-se afastar o pivô do escândalo do contato direto com a imprensa, deixando a função a cargo de algum amigo, advogado ou parente orientado por uma assessoria de imprensa. A medida visa a proteger a pessoa e poupá-la de enfrentamentos desgastantes, que poderiam aumentar ainda mais seu drama pessoal.

Deve ser mostrado aos jornalistas o custo pessoal dessa exposição, tentando-se obter um acordo para que só sejam noticiados fatos novos em relação ao episódio. Nesse caso, o porta-voz da família envolvida fica encarregado de avisar a imprensa quando houver mais informações.

## CONSULTORIA DE RISCO À IMAGEM

Hoje as agências de relações públicas e de assessoria de imprensa incluem, entre os serviços, o de consultoria de risco à imagem, em que são detectadas situações que apresentam risco elevado de causar danos à empresa. Nesse trabalho, é possível simular determinadas situações, estipulando um comitê de risco de crise dentro da empresa que, treinado previamente, saberá como proceder em situações emergenciais.

É importante, nessas circunstâncias, que os envolvidos estejam alinhados para manter uma situação de normalidade na empresa – dentro, claro, dos limites de cada crise. A assessoria deve participar desse esforço e não se limitar ao problema em questão. A empresa não pode parar para resolver a crise. Do contrário, aos prejuízos de imagem se somam outros decorrentes dessa paralisia, como o avanço da concorrência. O assessorado precisa se sentir seguro de que a situação está sendo administrada por profissionais capacitados, que sabem o que fazer.

# *BIBLIOGRAFIA*

BUENO, Wilson da Costa. *Comunicação empresarial:* teoria e pesquisa. Barueri: Manole, 2003.

O melhor desse livro são os *cases* interessantes apontados pelo autor sobre alguns trabalhos de comunicação empresarial no Brasil. Bueno mostra alguns exemplos desastrados de mudança de marca, demonstra um minucioso trabalho de auditoria de imagem e relata, entre outras histórias, um caso de gestão de crise. O "gancho" principal da obra é demonstrar como a área se transformou nos últimos anos, depois de passar por um brutal processo de modernização. Portanto, trata-se de uma leitura bastante atual. Para os novatos, valem a pena o guia bibliográfico e um roteiro de *sites* sobre o tema.

DIAS, Vera. *Como virar notícia e não se arrepender no dia seguinte.* Rio de Janeiro: Objetiva, 1994.

Fontes de informação que ainda vivem ressabiadas com a imprensa podem ter nesse livro algumas orientações básicas para o contato com jornalistas. Apresenta uma leitura simples e, de certa maneira, traz apenas o "bê-a-bá" para uma entrevista. É mais indicado para futuros entrevistados do que para profissionais da área de comunicação. Assessores, no entanto, podem usá-lo muito bem no relacionamento com clientes, especialmente com aqueles ainda resistentes a abrir as portas para a mídia. Além do que, muitos preparativos sugeridos pela autora para que as entrevistas sejam bem-sucedidas acabam sendo tomados pelo assessor. No final, há um glossário de termos utilizados, com os principais jargões jornalísticos – a maioria usada em redação.

FRANÇA, Fábio; FREITAS, Sidinéia Gomes. *Manual da qualidade em projetos de comunicação.* São Paulo: Pioneira, 1997.

Todo aluno de comunicação deveria ter esse livro em mãos. Os autores, reconhecidos professores de cursos de Relações Públicas, prepararam um composto de todos os requisitos exigidos para um bom projeto experimental ainda nos bancos universitários. O projeto é a iniciação do estudante na vida profissional. E o texto acompanha e apoia justamente essa transição. Os ensinamentos sobre o trabalho acadêmico apontam para a excelência de projetos desenvolvidos para as organizações. Portanto, é de extrema valia para quem já está na lida diária do ofício. Vários trechos referem-se às relações próprias de um trabalho escolar. Mas há também uma interessante contextualização sobre as necessidades atuais das organizações e as melhores formas de abordá-las em iniciativas de relações públicas.

KUNSCH, Margarida Maria Krohling. *Planejamento de relações públicas na comunicação integrada*. 4.ª ed. São Paulo: Summus, 2003.

O livro é um compilado interessante de teoria na comunicação organizacional. A tônica que perpassa vários capítulos é a da necessária integração entre as atividades de comunicação que, na opinião da autora, devem ser comandadas por um profissional de relações públicas. Os trechos que abordam o trabalho de assessoria de imprensa, no entanto, são bastante curtos e não chegam a dar indicações sobre a prática. A leitura é indicada para quem quiser acompanhar o paradigma dominante na atualidade no campo das relações públicas.

LESLY, Philip. *Os fundamentos de Relações Públicas e da comunicação*. Tradução de Roger Cahen. São Paulo: Pioneira, 1995.

Lesly é quase um "papa" das relações públicas no mundo. Já escreveu livros que se tornaram guias práticos para o profissional. E esse é mais um desses, escrito de maneira a quase oferecer um passo a passo para atividades de comunicação, como prevenção e gerenciamento de crise. Sua tese principal é a de que caiu por terra o conceito de comunicação como transmissão de decisões. Em seu lugar, prevalece a concepção de uma atividade responsável por fazer com que as coisas aconteçam dentro de uma organização, à medida que ajusta e influencia os diferentes públicos para que determinadas atitudes sejam tomadas. São especialmente ricos os apêndices apresentados ao final do livro. Entre eles encontram-se um guia de fontes e referências (de obras bibliográficas, de empresas, associações, etc.) e um extenso glossário com os principais termos técnicos da profissão. Trata-se de um livro para manter sobre a mesa de trabalho e ser consultado a qualquer momento.

MORAES, Dênis de. *Por uma outra comunicação:* mídia, mundialização cultural e poder. Rio de Janeiro: Record, 2003.

Essa coletânea de artigos apresenta alguns dos principais pensadores da comunicação e da globalização nos últimos tempos. São nomes como David Harvey,

Pierre Lévy, Manuel Castells, Edgar Morin, entre outros. Os brasileiros são Muniz Sodré, o organizador Denis de Moraes e o jornalista José Arbex Jr. O leitor não vai encontrar nesses textos um guia direcionado sobre assessoria de imprensa ou comunicação empresarial. Mas o que interessa aqui é como estão contextualizadas as grandes questões que rondam a contemporaneidade, como o crescimento da Internet e seus efeitos e a confusão entre o local e o global em meio a tantos intercâmbios entre os países. A segunda parte da coletânea aborda a relação entre mídia, poder e corporações. É uma obra crítica e pontua alguns embates colocados como pano de fundo para os profissionais de comunicação.

NASSAR, Paulo. *Tudo é comunicação*. São Paulo: Lazuli Editora, 2003.

Em formato de bolso, reúne uma série de artigos escritos pelo autor, um dos mais influentes dirigentes da Aberje. Crítico de empresas que usam políticas de comunicação descompromissadas com o bem-estar de seus públicos (incluindo os funcionários), Nassar reuniu textos curtos que são verdadeiros "puxões de orelha" nos gestores de comunicação e batem na tecla da necessária integração com atividades de recursos humanos bem-sustentadas. A leitura serve de alerta para as exigências que o mundo corporativo impõe sobre as organizações e seus relacionamentos.

NASSIF, Luís. *O jornalismo dos anos 90*. São Paulo: Futura, 2003.

Esse importante colunista e apresentador da mídia brasileira mostra, com extrema lucidez, os grandes escândalos cobertos por nossa imprensa na última década. Trata de abusos cometidos por jornalistas, que levaram a verdadeiros "linchamentos" públicos de pessoas e instituições. Em alguns deles, como no episódio da Escola Base, em São Paulo, Nassif conta sua experiência pessoal na tentativa de reverter o noticiário de então e chamar a atenção para os erros cometidos "em série" por vários veículos de comunicação, que na época fechavam olhos e ouvidos para a versão dos acusados. Além de relatar detalhadamente vários outros exemplos nessa mesma linha, o autor apresenta uma interessante análise de como a informação passou a ser tratada como produto ou mercadoria pela imprensa brasileira ao longo dos anos, e os diferentes enfoques assumidos desde a década de 1950.

NOBLAT, Ricardo. *A arte de fazer um jornal diário*. São Paulo: Contexto, 2003.

Um dos grandes jornalistas brasileiros de nossos tempos, Noblat dá lições para novos profissionais, de maneira bem-humorada e didática. Seu principal mérito está em apresentar os principais dilemas atuais do jornalismo de maneira crítica e simples, sem ser superficial. Para assessores de imprensa, esse é um livro fundamental para se conhecer como funcionam as coisas "do lado de lá do balcão", ou seja, nas redações. É preciso, principalmente, o capítulo que aborda como o *Correio Braziliense*, jornal que Noblat dirigiu durante anos, promoveu uma das maiores reformas editoriais e gráficas já registradas entre os veículos brasileiros de comunicação. Essa é uma história que todo jornalista deve conhecer.

PRINGLE, Hamish; THOMPSON, Marjorie. *Marketing social:* marketing para causas sociais e a construção das marcas. Tradução de Maria Lúcia G. Rosa. São Paulo: Makron Books, 2000.

Projetar e liderar programas de responsabilidade social podem até não ser funções diretas do assessor de imprensa. Mas ele deverá ter noções claras sobre a importância de outras ações para a imagem das organizações. O livro conta exatamente como grandes empresas se projetaram com ações de *marketing* social, como Reebok, Avon, British Airways, Visa, entre outras. Todos os exemplos de sucesso apontados pelos autores são intercalados com indicações sobre a ênfase recomendada para esses projetos, a tendência das iniciativas mais atuais, alguns erros principais, além de brevíssimas explicações teóricas.

RAMONET, Ignácio. *A tirania da comunicação.* 5.ª edição. Porto: Campo das Letras, 2003.

Considerado um clássico, o livro escrito pelo diretor do jornal *Le Monde Diplomatique* aborda o poder que a comunicação assumiu na sociedade contemporânea, sobrepondo-se à política e só perdendo lugar para o papel que a economia passou a exercer no mundo atual. A análise do autor combina exemplos práticos de coberturas jornalísticas em vários países com a avaliação feita por grandes pensadores das ciências humanas. Ramonet mostra como a mídia gira em torno de si mesma, num mimetismo que privilegia o espetáculo e deixa de lado o rigor da informação exata. Para ele, ao mesmo tempo em que a mídia passou a ser o referencial de verdade para as pessoas, também começou a ser olhada com desconfiança pelo público.

ROSA, Mário. *A era do escândalo.* Lições, relatos e bastidores de quem viveu as grandes crises de imagem. São Paulo: Geração Editorial, 2003.

Além de um conjunto de dez artigos sobre a administração de grandes crises de imagem de pessoas e instituições, o livro é uma análise detalhada sobre como, de um lado, a mídia cobre tais situações e, de outro, os assessores de comunicação as administram. É leitura obrigatória para qualquer jovem profissional que entra no ramo da comunicação institucional. O mais interessante do livro é a variedade de temas e de autores que assinam os artigos: profissionais liberais, como médicos e advogados, personalidade artística, político e executivos.

SIMÕES, Roberto Porto. *Relações públicas:* função política. 5.ª edição. São Paulo: Summus, 1995.

Essa é uma obra densa, com conceitos teóricos bastante fundamentados. Simões apresenta nesse livro o resultado de uma pesquisa bibliográfica para explicar a origem da atividade de relações públicas, o arcabouço acadêmico que a sustenta, seus principais objetos, e conclui com uma extensa lista de instrumentos utilizados nessa profissão, cada um com seu uso devidamente contextualizado. O interessante é ver como se sustenta, no argumento do autor, a defesa da importância estratégica das relações públicas nas organizações.

TORQUATO, Gaudêncio. *Tratado de comunicação organizacional e política.* São Paulo: Pioneira Thomson Learning, 2002.

O autor, um dos principais estudiosos brasileiros da área, reúne nesse livro um panorama da pesquisa e da prática da comunicação organizacional no Brasil. Embora apresente vários conceitos encontrados nas principais obras acadêmicas desse campo, Torquato foge do "teoricismo" e indica também como fazer um bom trabalho de comunicação tanto em organizações públicas quanto privadas. O texto é recheado de exemplos históricos interessantes. No capítulo sobre assessoria de imprensa, aborda questões como a ética do profissional e as diferenças na atividade para empresas e para governos.